民法を武器として使いたい
ビジネスパーソンの

契約の基本教科書

弁護士法人
長瀬総合法律事務所

日本能率協会マネジメントセンター

はじめに

　本書は、主に企業法務に携わる法務部員の方に向けて執筆しました。
　企業法務とは、企業活動に関する法律事務を指します。企業の活動領域が私たちの生活全般に行き渡り、また、急速なグローバル化が進む現代社会において、企業活動は私たちの日々の生活に大きな影響を与えています。企業法務は、これらの企業活動に付随する法律事務であり、企業活動に従事するビジネスパーソンにとって、企業法務とは無縁でいることはできません。そして、社会の高度化・複雑化に加え、インターネットの普及による情報化社会の進展によって、企業法務の重要性も年々増しています。ビジネスパーソンにとって、企業法務を理解することは、健全な企業活動を推進する上で不可欠といえます。一方で、企業活動を規制する法律は多数にのぼり、難解を極めていますが、はじめからすべてを網羅しようとすることは現実的ではありません。企業法務に携わるビジネスパーソンにとって、まずは企業法務の体系的な理解を整理し、企業法務全般に対する俯瞰的な視点を押さえることが肝要といえます。
　企業法務全般に対する俯瞰的な視点を押さえる上で理解すべき法律は、基本六法の１つであり、私法の代表格にあたる「民法」です。さらに、民法は、100 年に１度の大改正といわれる大きな改正が行われ、2020 年４月１日から改正法が施行されました。今回の改正では、①約 120 年間の社会経済の変化への対応を図るために実質的にルールを変更する改正と、②現在の裁判や取引の実務で通用している基本的なルールを法律の条文上も明確にし、読み取りやすくする改正、がなされています。
　これらの改正後の民法のルールを理解し、民法を企業法務における武器として使うための視点を押さえていただくことが、本書の目的となります。
　本書は、総論として、①民法と契約の関係について整理した後、②契約の流れを踏まえた民法上の留意点を整理します。次に、各論として、企業法務の実務においてよく目にする契約類型を整理した上で、各契約

類型に頻出する契約書の雛形を参考にしながら、民法を利用した契約書の各条項の留意点を解説します。

　本書が、企業法務に携わるビジネスパーソンが、民法を武器として使うことができる一助となれば幸いです。

2021 年 4 月

著者を代表して

弁護士　長瀬佑志

Contents

はじめに ……………………………………………………………………………………… 3

第 **1** 部 　総論

第 **1** 章 ｜ 民法と契約の関係

1 **民法を学ぶための必要なイメージ** ……………………………… 18
   （物権と知財法は同じようなもの?）
   （1）法律とは何か ……………………………………………………… 18
   （2）基本六法 …………………………………………………………… 18
   （3）公法と私法 ………………………………………………………… 19
   （4）民法とは私法の代表格 …………………………………………… 20
   （5）権利の種類と違い ………………………………………………… 20
      ア. 債権とは／イ. 物権とは／ウ. 知的財産権とは
   （6）民法と契約の関係 ………………………………………………… 21
      ア. 民法があれば契約は不要?／イ. 私的自治の原則と例外

2 **企業法務の中の民法・契約** ……………………………………… 22
   （法務担当者が意識すべきポイントはどこか?）
   （1）企業法務の目的 …………………………………………………… 22
      ア. 企業法務とは／イ. コンプライアンスとは／ウ. コンプライアンス
      リスク管理とは／エ. 取ってはいけないコンプライアンスリスク／オ.
      取った上でコントロールするコンプライアンスリスク
   （2）企業法務の役割 …………………………………………………… 27
      ア. 臨床法務／イ. 予防法務／ウ. 戦略法務
   （3）企業法務のための武器となる民法と契約 ……………………… 28

3 **民法改正の要点** …………………………………………………… 30
   （1）社会経済の変化への対応を図るために実質的なルールを
      変更する改正 …………………………………………………… 30

ア．保証人の保護に関する改正／イ．約款を用いた取引に関する改正
（548条の2ないし4）／ウ．法定利率に関する改正（404条）／エ．消
滅時効に関する改正（166条ほか）

（2）法律の条文も明確にし、読み取りやすくする改正 ················· 33
ア．意思能力に関するルール（3条の2）／イ．賃貸借に関するルール
（601条以下）

コラム **1** リサーチのお作法 ·· 35
コラム **2** 改正民法のポイントと影響を正確に理解する ·············· 36
コラム **3** 契約法を体系的に理解する ································· 38

第 **2** 章 ┃ **契約締結前の法律関係**
　　　　　─契約実務における信義則（1条2項）の反映

1 **なぜ契約書を作成するのか？** ································· 40

2 **契約準備段階の法律関係（M&Aを題材に）** ············ 41
（1）事前準備 ··· 41
ア．対象会社の選定／イ．秘密保持契約の締結
（2）基本合意書の作成・提出 ································ 43
（3）デューディリジェンス ·································· 43
ア．DDの概要及び目的／イ．DDのプロセス／ウ．DDにおける調査
分野
（4）最終契約書の作成 ······································ 46
（5）クロージング ··· 47

3 **契約交渉の流れ** ·· 47
（1）契約交渉の心構え ······································ 47
ア．「信ぜよ、されど確認せよ」／イ．契約書は先につくる（先手を打つ）
（2）契約締結準備段階における留意点 ······················ 48
ア．「取ってはいけない法的リスク」の観点／イ．「取った上でコント
ロールする法的リスク」の観点
（3）契約交渉段階における留意点 ·························· 50
ア．契約準備段階と契約交渉開始後の違い／イ．「取ってはいけない法
的リスク」の再検討／ウ．「取った上でコントロールする法的リスク」の
検討
（4）契約書作成段階における留意点 ······················ 53
ア．要件事実論／イ．立証責任／ウ．証拠の重要性
（5）契約履行段階における留意点 ·························· 60

ア．契約（法律行為）の要件の確認／イ．契約の履行に対する抗弁事由
の確認／ウ．契約の履行の管理
（6）契約締結後における留意点 ･･････････････････････････････ 62
　ア．紛争の発生の予兆／イ．紛争発生後の対応
（7）ドラフティング（雛形に頼らない） ･･････････････････････ 66
　ア．契約書書式の有効性と限界／イ．契約書の9つのパターンを理解
し、使い分ける
コラム 4　契約管理の心構えを作る ･････････････････････････ 69
コラム 5　契約用語の基礎体力を培う ･･･････････････････････ 70
コラム 6　契約審査業務をマニュアル化し漏れをなくす ･･･････ 74

第 **3** 章 ｜ # 契約における基本法理
　　　　　　─法律行為を中心に

1 **契約の成立** ･･ 78
（1）契約の成立要件 ･････････････････････････････････････ 79
（2）契約の有効要件 ･････････････････････････････････････ 79
（3）契約の効果帰属要件 ･････････････････････････････････ 80
（4）契約の効力発生要件 ･････････････････････････････････ 80

2 **意思表示の理論**─「真の納得」のない意思表示 ･･･････････ 81
（1）5つの制度 ･･ 81
（2）あえて「真意」に対応しない意思表示をした場合 ･････････ 81
　ア．心裡留保による意思表示／イ．虚偽表示／ウ．強迫による意思表示
（3）意思表示が「真意」に対応しないことを意識していない場合 ･･ 83
　ア．錯誤による意思表示／イ．詐欺による意思表示

3 **代理の理論** ･･･ 85
（1）契約の署名は誰が行っている？ ･･･････････････････････ 85
（2）支店長が署名している契約は有効なのか？ ･････････････ 86
（3）代理権がない者による署名捺印の効力 ･････････････････ 86

4 **サインとハンコ** ･･･････････････････････････････････････ 87
（1）サインとハンコの種類 ･･･････････････････････････････ 87
　ア．「署名」と「記名」／イ．「押印」と「捺印」／ウ．「割印」と「契印」
（2）なぜ日本はハンコ文化なのか？－民事訴訟法のルール ･･･ 88
　ア．ハンコの歴史／イ．民事訴訟法のルール
（3）内閣府の方針 ･･･････････････････････････････････････ 89

5 継続的契約の特殊性 ································ 90
- （1）売買予約と継続的売買 ····························· 90
- （2）継続的契約のメリットとデメリット ··················· 91
  - ア．メリット／イ．デメリット
- （3）継続的契約における契約パターン－基本取引契約書と個別契約書 ··········· 92

第 **4** 章 契約の解釈と効力

1 契約の解釈とは何か ································ 96
- （1）契約の解釈に関する最高裁の考え方 ··················· 96
- （2）契約は総合考慮で決まる ·························· 96
- （3）文言だけでなく交渉過程も重要 ···················· 96
- （4）法律用語と常識のズレに注意 ······················· 97
  - ア．「善意」「悪意」／イ．「果実」／ウ．「原状に復する（原状回復）」／エ．「瑕疵」「契約不適合」／オ．「善良な管理者の注意」「自己のためにするのと同一の注意」
- （5）民法改正による法律用語の変化に注意する ················ 99

2 典型契約が契約の解釈に与える影響 （委任か請負かが勝敗を分ける） ········ 99
- （1）「業務委託契約」の法的性質は？ ···················· 99
- （2）「請負」：結果を重視／「委任」：プロセスを重視 ············· 100
- （3）典型契約と非典型契約 ··························· 101
- （4）混合契約 ·································· 101

第 **5** 章 契約の終了と履行強制

1 契約解除の注意点―法定解除、約定解除、合意解除、手付解除の各要件と効果 ········ 104
- （1）法定解除 ·································· 104
  - ア．催告による解除／イ．催告によらない解除
- （2）約定解除 ·································· 107

（3）合意解除（解除契約） 107

（4）手付解除 108

2 債務不履行の要件・効果―「不履行」の意義、損害賠償責任の規定と実務 108

（1）「不履行」の意義 108

（2）損害賠償責任の規定 109

（3）損害賠償の範囲 110

（4）金銭債務の場合の留意点 111

3 裁判所の利用方法 112

（1）紛争解決方法の種類 112

　　ア．任意交渉（裁判外手続）／イ．ADR（裁判外手続）/調停（裁判手続）／ウ．民事保全（裁判手続）／エ．訴訟（裁判手続）

（2）各紛争解決方法のメリット・デメリット 114

　　ア．任意交渉／イ．ADR/調停／ウ．民事保全／エ．訴訟

（3）解決方法選択の視点 121

　　ア．各解決方法のメリット・デメリットの把握／イ．当事者の希望・ニーズの見極め／ウ．法的正しさ・法的水準の高さ≠当事者の希望・ニーズ

　　コラム 7 利益率に直結する税務をおろそかにしない 123

第 *2* 部　各論

第 *6* 章 ┊ 売買基本契約書

1 想定事例 126

2 参考書式 126

3 売買基本契約の概要 135

4 実務上のチェックポイント 135

5 各条項の留意点 136

（1）個別契約の成立（第2条） 136

（2）納入等（第3条） ……………………………………………………… 136

（3）検収（第4条） ………………………………………………………… 136

（4）所有権（第5条） ……………………………………………………… 137

（5）契約不適合責任（第6条） …………………………………………… 137

（6）危険負担（第7条） …………………………………………………… 139

　　ア．旧法上のポイント／イ．民法改正による影響／ウ．契約実務上のポイント

（7）保証等（第8条） ……………………………………………………… 141

（8）支払（第9条） ………………………………………………………… 141

（9）遅延損害金（第10条） ……………………………………………… 141

（10）不可抗力による免責（第11条） …………………………………… 142

（11）反社会的勢力の排除（第12条） …………………………………… 142

（12）秘密保持（第14条） ………………………………………………… 144

（13）損害賠償（第15条） ………………………………………………… 145

　　ア．損害賠償の要件／イ．損害賠償の範囲／ウ．契約実務上のポイント

（14）解除（第17条） ……………………………………………………… 146

（15）権利義務の移転禁止（第18条） …………………………………… 147

（16）準拠法及び裁判管轄（第20条） …………………………………… 148

　　ア．準拠法条項／イ．管轄条項

（17）協議（第21条） ……………………………………………………… 150

第 7 章 ｜ 秘密保持契約書

1 **想定事例** …………………………………………………………………… 152

2 **参考書式** …………………………………………………………………… 152

3 **秘密保持契約の概要** …………………………………………………… 155

4 **実務上のチェックポイント** …………………………………………… 156

5 **各条項の留意点** …………………………………………………………… 157

（1）「秘密情報」の定義（第1条） ………………………………………… 157

（2）秘密情報の利用目的（第2条） ……………………………………… 157

（3）守秘義務（第3条） …………………………………………………… 157

（4）秘密情報の管理（第4条） …………………………………………… 158

（5）秘密情報の返還・廃棄（第5条） …………………………………… 158

（6）損害賠償（第7条） …………………………………………………… 158

（7）有効期間（第8条） ·· 159
コラム 8　英文契約の第一歩 ·· 160

第 **8** 章 ｜ 株式譲渡基本合意書

1 想定事例 ··· 164
2 参考書式 ··· 164
3 株式譲渡基本合意の概要 ··· 171
4 実務上のチェックポイント ·· 172
5 各条項の留意点 ··· 172
（1）基本合意の内容（第1条） ······································ 172
（2）株式譲渡及び譲渡価格（第2条） ···························· 172
（3）表明保証（第3条） ·· 173
（4）対象会社の役員の処遇（第4条） ···························· 174
（5）調査の実施及び協力（第5条） ································ 175
（6）公表（第8条） ·· 175
（7）誠実交渉義務（第9条） ··· 176
（8）独占交渉義務（第10条） ·· 176
（9）法的拘束力（第14条） ··· 176
コラム 9　身近になったM&A ·· 178

第 **9** 章 ｜ 不動産賃貸借契約書

1 想定事例 ··· 180
2 参考書式 ··· 180
3 賃貸借契約の概要 ·· 190
（1）借地借家法上の建物賃貸借 ···································· 190
　　ア．借地借家法上の建物賃貸借／イ．借地借家法上の賃貸借契約の選択
　　−賃貸人の立場／ウ．借地借家法上の賃貸借契約の選択−賃借人の立場

（2）民法改正の影響 192

4 契約上のチェックポイント 193

5 各条項の留意点 194

（1）契約の目的（第 1 条） 194
（2）賃貸借期間（第 2 条） 194
（3）賃料（第 3 条） 194
（4）共益費（第 4 条） 195
（5）諸費用の負担（第 5 条） 195
（6）消費税・地方消費税（第 6 条） 196
（7）遅延損害金（第 7 条） 196
（8）賃料の改定（第 8 条） 196
（9）敷金（第 9 条） 196
（10）館内規則の遵守等（第 10 条） 197
（11）修繕等の費用負担及び実施方法（第 11 条） 197
（12）原状の変更（第 12 条） 198
（13）立入等（第 13 条） 198
（14）賃貸人の免責（第 14 条） 198
（15）禁止又は制限される行為（第 15 条） 199
（16）反社会的勢力の排除（第 16 条） 199
（17）中途解約（第 17 条） 199
（18）解除（第 18 条） 200
（19）原状回復（第 19 条） 200
（20）造作買取請求権等（第 20 条） 200
（21）損害賠償（第 21 条） 201
（22）損害保険の付保（第 22 条） 201
（23）変更事項の届出（第 23 条） 201
（24）契約締結費用の負担（第 24 条） 201
（25）準拠法及び裁判管轄（第 25 条） 202
（26）協議条項（第 26 条） 202
（27）物件目録 202

第 **10** 章 ｜ システム開発委託契約書

1 想定事例 204

2 参考書式 ·· 204

3 システム開発契約の概要 ··· 219

4 実務上のチェックポイント ·· 220

5 各条項の留意点 ··· 221
　（1）定義（第1条） ··· 221
　（2）契約の趣旨（第2条） ·· 221
　（3）プロジェクト・マネジメント責任（第5条） ············· 222
　（4）報酬（第8条） ··· 223
　（5）契約不適合の場合の履行の追完義務等（第10条） ····· 224
　（6）第三者ソフトウェアの利用（第11条） ····················· 225
　（7）納入物の所有権（第12条） ······································ 225
　（8）個人情報の取扱い（第15条） ··································· 225
　（9）再委託（第17条） ·· 227
　（10）納入物等の著作権（第18条） ································· 227
　（11）知的財産権侵害の責任（第20条） ··························· 228
　（12）解除（第22条） ·· 228
　（13）損害賠償（第23条） ·· 228
　（14）労働者派遣との関係（第24条） ······························ 228
　コラム *10* IT契約の様々な類型にキャッチアップする ············· 230

第 **11** 章 │ **特許権譲渡契約書**

1 想定事例 ·· 232

2 参考書式 ·· 232

3 特許権譲渡契約の概要 ·· 236

4 実務上のチェックポイント ·· 236

5 各条項の留意点 ·· 237
　（1）特許権の譲渡（第1条） ··· 237
　（2）権利の移転時期等（第2条） ····································· 237
　（3）移転登録手続（第4条） ··· 237
　（4）甲の表明保証（第5条） ··· 238
　（5）訴訟協力（第8条） ··· 238

　　（6）解除（第9条）.. 238

第 **12** 章 ｜ 特許権実施許諾契約書

1 想定事例 240
2 参考書式 240
3 特許権実施許諾契約の概要 246
4 実務上のチェックポイント 247
5 各条項の留意点 247
　　（1）定義（第1条）.. 247
　　（2）実施許諾（第2条）.. 248
　　（3）他者に対する実施権の許諾（第3条）.................................. 249
　　（4）再実施許諾の禁止（第4条）.. 249
　　（5）技術情報の提供（第5条）.. 249
　　（6）実施料（第6条）.. 250
　　（7）特許保証（第8条）.. 250
　　（8）権利侵害への対応（第9条）.. 251
　　（9）不争義務（第10条）.. 251
　　（10）改良（第11条）.. 252
　　（11）表示（第12条）.. 252
　　（12）契約終了後の措置（第18条）.. 253
　　コラム **11** 知財系契約を網羅的にカバーする 254

第 **13** 章 ｜ 販売店契約書

1 想定事例 258
2 参考書式 258
3 販売店契約の概要 268
　　（1）販売店契約とは 268

（2）販売代理店契約とは ……………………………………………………… 269

4 **実務上のチェックポイント** ……………………………………… 269

5 **各条項の留意点** ……………………………………………………… 270

（1）販売権の付与（第2条）………………………………………………… 270
（2）改良品（第3条）………………………………………………………… 270
（3）支払（第5条）…………………………………………………………… 270
（4）納入（第6条）…………………………………………………………… 270
（5）検収（第7条）…………………………………………………………… 270
（6）所有権（第8条）………………………………………………………… 271
（7）危険負担（第9条）……………………………………………………… 271
（8）契約不適合責任（第10条）…………………………………………… 271
（9）製造物責任（第11条）………………………………………………… 271
（10）商標の使用許諾（第15条）………………………………………… 272
（11）報告（第17条）……………………………………………………… 272
（12）準拠法及び管轄裁判所（第26条）………………………………… 272

第**14**章 ｜ 販売代理店契約書

1 **想定事例** ……………………………………………………………… 274

2 **参考書式** ……………………………………………………………… 274

3 **販売代理店契約の概要** ………………………………………… 285

4 **実務上のチェックポイント** ……………………………………… 285

5 **各条項の留意点** ……………………………………………………… 285

（1）販売代金の扱い（第5条）……………………………………………… 285
（2）報告義務（第6条）……………………………………………………… 286
（3）競合品の扱い（第13条）……………………………………………… 286
コラム 12 他社と協働しオープンイノベーションを推進する …………… 287

※本文中、出所で条文番号の記載がある時は、特に断りのない限り民法の条文を指します。

　第1部「総論」では、主に企業法務に携わる法務部員の皆様が、まずは企業法務の体系的な理解を整理し、企業法務全般に対する俯瞰的な視点を押さえていただくためのポイントを中心に整理することに主眼を置いています。

　企業法務全般に対する俯瞰的な視点を押さえる上では、私法の代表格である「**民法**」を理解することが特に重要といえます。

　また、企業法務では、契約交渉が不可欠の業務ですが、契約交渉における法務部員の役割を理解するためには、契約交渉の時系列に沿って求められる役割を整理することが理解の一助となります。

　そこで、第1章では、民法と契約の関係について整理し、企業法務における法務部員が契約交渉にどのような視点で関与することが重要なのかを解説します。

　第2章以下では、契約交渉の時系列に沿って、法務部員の皆様が求められる役割と契約交渉上の留意点を解説します。

　第2章では、契約締結前の法律関係として、契約書の目的を踏まえた上で、契約締結の事前準備として必要な事項を解説します。

　第3章では、契約を締結する上で理解しておくべき契約の成立要件等、基本法理を解説します。

　第4章では、契約の解釈に影響するポイントを解説します。

　第5章では、契約締結後の注意点や、契約上のトラブルの解決方法等を解説します。

▶第1部の構成

第1章　　民法と契約の関係
第2章　　契約締結前の法律関係
第3章　　契約における基本法理
第4章　　契約の解釈と効力
第5章　　契約の終了と履行強制

第 **1** 章

民法と契約の関係

1 民法を学ぶための必要なイメージ
（物権と知財法は同じようなもの?）

（1）法律とは何か

　法律とは、「①社会秩序を維持するために強制される規範。法」「②国会の議決を経て制定される法の一形式」（「広辞苑」より引用）などと定義されています。

　「社会秩序を維持するために強制される規範」という定義に見られるように、法律とは、私たちを制限するもの、というイメージを抱かれるかもしれません。

　日本でも、私たちの社会秩序を規律するために、膨大な数の法律があります。

（2）基本六法

　日本に存在する膨大な数の法律の中でも、主要な法律として挙げられるものとして、「基本六法」があります。

　「基本六法」とは、憲法・民法・商法・民事訴訟法・刑法・刑事訴訟法の6つの法律を指します。

　なお、「基本六法」の中には、憲法も含まれますが、憲法と他の法律は、位置付けが異なります。憲法は、国民の基本的人権を確保するために、国家を規律することを目的としています。

　一方、法律は、個人間の権利自由の調整のために、国家が国民を規律することを目的としています。憲法と法律の違いは、以下のように整理することができます。

> 憲法：国民が国家を規律する
> 法律：国家が国民を規律する

(3) 公法と私法[1]

　法律は、公法と私法に大別することができます。

　公法とは、国や公共団体（市町村がその典型）の内部や相互間の関係を規律するルールであり、私法とは、私人間の関係を規律するルールである、と整理できます。

　公法は、基本六法でいえば、憲法（国の組織・活動の基本的な枠組みを定める）、刑法（国が国民に対して強制的に科する刑罰について定める）、民事訴訟法・刑事訴訟法などの訴訟法（国が行う裁判について定める）があたります。

　これに対して、民法は、基本的には私人間の関係を規律するルールを定めるものであり、私法に分類されます。

　ただし、国や公共団体と私人との法律関係には、私法が適用されないのかといえば、そうではありません。また、公法は私人間の取引関係には一切関係がないわけではありません。

　公法と私法の適用の区別があいまいである一例として、県営住宅の使用関係が挙げられます。県営住宅の使用関係は、公の営造物の利用関係として公法的な面がありますが、事業主体と入居者との間の法律関係は、基本的には私人間の家屋賃貸借関係と異なるところはないので、公営住宅法や条例に「特別の定めがない限り、原則として一般法である民法及び借家法の適用があ」るとされます（最判昭和59年12月13日（民集38巻12号1411頁））。

　また、公法である行政法規が私人間の取引に影響を及ぼすこともあります。例えば、農地の売買には各地の農業委員会の許可が必要なこと（農地法3条）のほか、各種の営業許可（たとえば、食品衛生法52条）や政令などで定められる各種の安全基準も、私人間の取引に関連しています。

---

[1] 道垣内弘人『リーガルベイシス民法入門　第3版』（日本経済新聞出版社・2019年）8頁

(4) 民法とは私法の代表格[2]

　民法は私法の1つですが、同じく私法に属するものとして、商法、借地借家法などがあります。これらの法律と民法との関係について、商法などは、民法が規律する関係のうち特定の関係について特別な規律を行うために作られているものであり、民法に対する例外として位置づけられます。言い換えれば、民法は原則としての一般法であり、商法、借地借家法などは特別法であるということになります。民法が原則としての一般法であることから、私法の代表格と見ることができます。

(5) 権利の種類と違い[3]

　民法は私法の代表格であり、私人間の取引関係を規律する法律です。民法が規律する私人間の取引関係では、権利の種類と違いを整理しておきましょう。

ア．債権とは

　民法は、総則、物権、債権、親族、相続の5編に分けられています。このうち債権と物権は、いずれも財産上の権利といえます。

　債権とは、ある特定の人に対してある特定のことの履行を求めうる権利といえます。つまり、「人（に）責（任を負わせる）権（利）」ということです。

イ．物権とは

　物権とは、ある特定の物に対して直接的に行使できる権利といえます。つまり、「物（に対する）権（利）」ということです。

ウ．知的財産権とは

　これに対し、知的財産権とは、何を指すものでしょうか。

　知的財産及び知的財産権とは、知的財産基本法において、以下のように定義されています。

---

[2] 道垣内・前掲注1、8～9頁
[3] 道垣内・前掲注1、11頁～

> **（定義）**
> 第2条　この法律で「知的財産」とは、発明、考案、植物の新品種、意匠、著作物その他の人間の創造的活動により生み出されるもの（発見又は解明がされた自然の法則又は現象であって、産業上の利用可能性があるものを含む。）、商標、商号その他事業活動に用いられる商品又は役務を表示するもの及び営業秘密その他の事業活動に有用な技術上又は営業上の情報をいう。
> 2　この法律で「知的財産権」とは、特許権、実用新案権、育成者権、意匠権、著作権、商標権その他の知的財産に関して法令により定められた権利又は法律上保護される利益に係る権利をいう。

(6) 民法と契約の関係

ア．民法があれば契約は不要？

このように、民法は、私人間の関係を規律するルールである私法の一般法であり、私人間の権利・義務を規律しています。民法がある以上、改めて当事者間で契約を締結する必要はないと考えるかもしれません。

イ．私的自治の原則と例外

ですが、このような考え方は誤りといえます。

これは、私的自治の原則の考え方に照らすとイメージしやすいでしょう。私人間の取引は、当事者間の合意によって自由に決めることができるという私的自治の原則があります。

契約とは、当事者間における権利・義務に関する合意をいいます。そして、当事者間で契約を締結する旨の合意さえあれば、詳細についてまで取り決めなかったとしても、法律上の規定によって契約内容が補充されることとなります（補充規定）。

しかし、補充規定に任せてしまっては自社の権利を狭めてしまうこともありえますので、企業法務における契約交渉では、私的自治の原則の下、いかに自社にとって有利な条件で契約締結を進めるかということを

考え、必要な条項を整えることが求められます。

　もっとも、私的自治の原則が妥当するといっても、あらゆる条件を自由に設定することができるわけではありません。強行規定（法令中の公の秩序に関する規定のことをいい、この規定に違反する内容の合意は認められません）に違反するような条項を設定した場合には、当該条項は違法として無効と判断されたり、さらには罰則や行政処分の対象となることもありえます。

　このように、契約交渉の場面では、私的自治の原則が妥当するといっても無制限というものではなく、強行規定に抵触しない範囲で、自社にとって最も有利な内容となるよう任意規定を修正する必要があります。

2 企業法務の中の民法・契約
（法務担当者が意識すべきポイントはどこか?）

(1) 企業法務の目的

ア．企業法務とは

　企業法務とは、企業活動に関する法律事務を指します。

　企業の活動領域が私たちの生活全般に行き渡り、また、急速なグローバル化が進む現代社会において、企業活動は私たちの日々の生活に大きな影響を与えています。企業活動の拡大に伴い、企業活動に伴う法律問題もまた日々拡大しており、その法律相談のニーズは実に多種多様です。顧客・業者等の外部取引先との日本語・英語での契約交渉及び締結、国内外のグループ会社管理等、新商品・新スキームの検討及びそれに伴う新たなコンプライアンスリスクの有無のチェック、顧客・取引先等とのトラブル・クレーム・訴訟等への対応等々…具体的な法律相談のニーズを挙げれば際限がありません。

　近時では、CSR（Corporate Social Responsibility）（＝企業の社会的責任）という言葉とともに、コンプライアンスという言葉も、企業に求められる責任という意味合いで使用されることが多くなってまいりまし

た。

　社会の高度化・複雑化に加え、インターネットの普及による情報化社会の進展によって、コンプライアンスリスクもより複雑化・重大化している現状において、コンプライアンスリスク管理を誤ることは、企業の運営自体を左右しかねません。

　企業法務の目的とは、究極的には、これら日々の企業活動に伴い不可避的に発生するコンプライアンスリスクマネジメントにある、といえます。

イ．コンプライアンスとは

　コンプライアンスとは、「法令遵守」と和訳されることがあり、法令（法律）を守ることが求められる、と捉えられることがあります。コンプライアンスは、法令を遵守することも求められる以上、この和訳も誤りではありませんが、現在は、コンプライアンスの定義はより広義の意味で解釈され、「法令等遵守」と定義されています。コンプライアンスとは、単なる法令遵守にとどまらず、法令を超えた社会規範や社会道徳、ステークホルダーの利益や要請に適うことまでも求められる概念と解釈されています。

　企業が起こした不祥事は、法令違反にとどまらず、社会規範や社会道徳に反していたり、企業の利害関係者の要請に適っていないと捉えられたりすると、深刻なコンプライアンスリスクとして顕在化することになります。

　たとえばハラスメント問題などでは、法的に捉えた場合にはハラスメント加害者とハラスメント被害者の間の問題でしかないはずが、マスコミにおいて連日のように報道されたり、記者会見の設定を求められたりした上、企業のレピュテーションリスクにも晒されることになります。

　このように、コンプライアンスリスクを、単なる法令遵守の問題として捉えていると、不祥事が発生した際の対応を誤ったり、不祥事の発生を防止するための対策の講じ方を誤ったりするおそれがあります。

ウ．コンプライアンスリスク管理とは

　それでは、私たちがコントロールすべきコンプライアンスリスクと

図表1-1　コンプライアンスリスクとは

1. **法令リスク**
   ▷ 自社の取引や契約が法令に違反するリスク
2. **当局リスク**
   ▷ 規制当局から行政処分等を受けるリスク
3. **契約リスク**
   ▷ 契約交渉過程で生じるリスク
4. **訴訟リスク**
   ▷ 取引先から訴えられるリスク
5. **敗訴リスク**
   ▷ 自社が敗訴ないし不利を強いられるリスク
6. **レピュテーショナルリスク**
   ▷ 自社のレピュテーション（名声）を毀損するリスク

は、具体的にはどのようなリスクなのでしょうか。

　典型的なコンプライアンスリスクとしては、①自社の取引や契約が法令に違反するリスクが挙げられます（以下「法令リスク」）。そして、法令リスクには、単に契約等が無効になるといった私法上の効力が否定されるにとどまらず、②規制当局から課徴金納付命令が下されたり業務停止命令が下される等の重大な不利益をもたらす行政処分等を受けるおそれ（以下「当局リスク」）もあります。

　このほか、③不用意な交渉に伴う契約締結上の過失に基づく責任や、交渉過程における秘密漏洩のおそれ、最終契約締結にまで至らないおそれなど、契約交渉過程で生じるリスク（以下「契約リスク」）や、④当該取引先から訴えられるリスクが挙げられます（以下「訴訟リスク」）。また、訴訟リスクのうち、裁判所が自社の解釈と異なる判断を下すことにより、⑤自社が敗訴ないし不利を強いられるリスク（以下「敗訴リスク」）もコンプライアンスリスクの1つに含めることができます。

　さらに、たとえば世間の耳目を集める事件において自社が訴えられた場合、⑥自社のレピュテーション（名声）に重大な影響をもたらすおそれ（以下「レピュテーショナルリスク」）も含めることが可能でしょう。

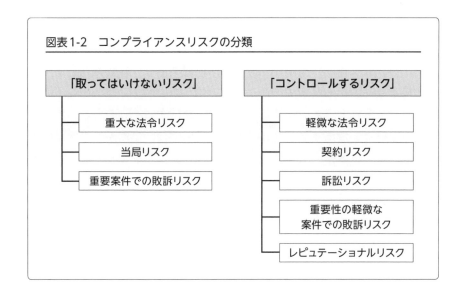

図表1-2　コンプライアンスリスクの分類

「取ってはいけないリスク」
- 重大な法令リスク
- 当局リスク
- 重要案件での敗訴リスク

「コントロールするリスク」
- 軽微な法令リスク
- 契約リスク
- 訴訟リスク
- 重要性の軽微な案件での敗訴リスク
- レピュテーショナルリスク

　これらは、一般に、「法令や契約等に反すること、不適切な契約を締結すること、その他の法的原因により有形無形の損失を被るリスク」のことをいい、企業活動に伴い不可避的に生じるオペレーショナルリスクの一つといえます。

　そして、これらは、そのリスクに伴う不利益の程度・コントロールの可能性等に応じて、「取ってはいけないコンプライアンスリスク」と、「取った上でコントロールするコンプライアンスリスク」の2つに分類することができます。

エ．取ってはいけないコンプライアンスリスク

　「取ってはいけないコンプライアンスリスク」とは、当該コンプライアンスリスクが現実化した場合に、企業活動に容易に回復しがたい重大なダメージをもたらすおそれのあるコンプライアンスリスクをいいます。刑事罰を伴うような重大な法令リスクや、企業活動を停止させるような行政処分を伴う当局リスク、大規模訴訟等の重要案件に係る敗訴リスク等がこれに該当します。

　たとえば、証券会社の役職員が、大口取引先等の一部の投資家にだけ利益を得させる目的で重要事実を故意に伝達し、インサイダー取引規制

に違反した場合、他の一般投資家等に対して民事責任を負うにとどまらず、課徴金納付命令や業務停止処分等の重大な不利益をもたらす行政処分や、刑事罰を科されるおそれがあり、当該証券会社は致命的なダメージを被る可能性があります。

　かかる企業にとって致命的なダメージを及ぼすおそれのある「取ってはいけないコンプライアンスリスク」については、早期かつ未然に防止するとともに、万が一顕在化した場合にはリスクが拡大しないよう全力で対処する必要があります。

オ．取った上でコントロールするコンプライアンスリスク

　これに対して、「取った上でコントロールするコンプライアンスリスク」とは、当該コンプライアンスリスクを負担したとしても、その現実化又は影響を一定程度コントロールしうるコンプライアンスリスクをいいます。私法上の効力が否定されるにとどまるような軽微な法令リスク、契約リスク、訴訟リスク、重要性の低い案件に係る敗訴リスク、及びレピュテーショナルリスクがこれに該当します。

　たとえば、契約リスクについては、相手方との力関係等に鑑みて、契約書上、自社のみが一方的に守秘義務を負担せざるを得ない場合がありますが、その場合であっても守秘義務の対象となる「秘密情報」の範囲を限定すること等によってその影響を相当程度限定することは可能です。また、訴訟リスクについては、訴え提起自体は第三者の意思にかかるためコントロールできないものの、訴訟提起された場合に早期に和解で解決すること等によって、その影響をコントロールすることは可能です。

　このように、「取った上でコントロールするコンプライアンスリスク」については、当該リスク自体を必ず回避しなければならないというものではなく、むしろ場合によっては積極的にリスクを取った上で、その影響を軽減すべくコントロールすることが求められるものということができます。

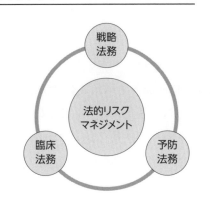

図表1-3　コンプライアンスリスクマネジメント

臨床法務
▷ 法的リスクが現実化した際に、損失や悪影響を抑えるための法的対応

予防法務
▷ 具体的なトラブルや損失が発生する前に法的リスクに対して必要な手当を講じること

戦略法務
▷ 法務知識を意図的に営業推進等に活用していく積極的な法務対応

戦略法務

法的リスクマネジメント

臨床法務　　　　予防法務

契約＝臨床法務・予防法務・戦略法務の要

（2）企業法務の役割

　このように、一口に「コンプライアンスリスク」といっても、リスクの性質によって求められる対応が異なるといえます。

　したがって、企業法務において担うコンプライアンスリスクマネジメントとは、コンプライアンスリスクの所在・規模・性質を適時かつ正確に特定・評価・モニタリングすることにより、「取ってはいけないコンプライアンスリスク」と「取った上でコントロールするコンプライアンスリスク」とに峻別し、当該リスクの種類に応じて適切に対応・管理すること、ということができます。

　そして、コンプライアンスリスクマネジメントは、大きく「戦略法務」、「予防法務」、「臨床法務」の3つの見地から分類することができます。これらはそれぞれ独立した場面で問題になるものの、相互に関連し、影響し合う関係にあります。

ア．臨床法務

　「臨床法務」とは、コンプライアンスリスクが現実化した際に、損失

や悪影響を抑えるための法的対応をいいます。たとえば、取引先との契約書の履行・解釈をめぐってトラブルが生じた場合における対応への相談や、競合他社との訴訟や取引先倒産時における相談等が挙げられます。

イ．予防法務

「予防法務」とは、具体的なトラブルや損失が発生する前にコンプライアンスリスクに対して必要な手当を講じることをいいます。法務担当者による契約書審査も予防法務の1つといえますし、法務担当者に限らず、社員の法務知識の向上・リーガルマインドの向上も重要な予防法務の1つです。

ウ．戦略法務

「戦略法務」とは、法務知識を意図的に営業推進等に活用していく積極的な法務対応をいいます。具体的には、法令を遵守しつつ、その範囲で最大限自社に有利な新商品・新スキームを開発したり、既存の商品にはない、顧客にとってもメリットのある提案活動を行ったりすることをいいます。M＆Aに関するアドバイスや検討を行うことも、戦略法務の1つといえます。戦略法務の観点からは、契約書の交渉・締結においても、自社に有利な条項を積極的に盛り込むことが求められます。

(3) 企業法務のための武器となる民法と契約

前記のとおり、私人間の取引は、当事者間の合意によって自由に決めることができるという私的自治の原則が妥当しますが、強行規定に違反するような条項を設定した場合には、当該条項は違法として無効と判断されることもありえます。

このため、契約交渉の場面では、民法の規定を十分に理解した上で強行規定に抵触しない範囲で、自社にとって最も有利な内容となるよう任意規定を修正する必要があります。

たとえば、民法536条1項は、売買に関する危険負担について債務者主義（目的物が消滅すれば、買主はその代金を支払わなくてもよいとする考え方）を採用しています。そのため、契約で債務者主義を修正しな

い限り、民法の下では、当事者の責めに帰すべき事由によらずに目的物が滅失した場合、そのリスクを債務者が負担することとなります。自社がメーカー側であり、自社製品の売買契約を締結した後に、製造品が隣接する工場の火災等によって焼失してしまったケースを想定すると、契約で債務者主義を修正していない限り、売主である自社は買主に対して売買代金を請求することはできないことになります。そこで、自社に有利にするためには、契約交渉によって危険負担の債務者主義を債権者主義（目的物が消滅しても、買主はその代金を支払わなければならないという考え方）に修正することが望ましいといえます。

　もっとも、私人間の取引を規律する民法は、以下のように「法令中の公の秩序に関しない規定」（任意規定）については、当事者の合意によって別途のルールを定めることを認めています（91条）。

（任意規定と異なる意思表示）
民法91条
法律行為の当事者が法令中の公の秩序に関しない規定と異なる意思を表示したときは、その意思に従う。

　そして、危険負担の債務者主義を定める民法536条は、「法令中の公の秩序に関しない規定」、すなわち任意規定であるため、当事者の合意によって債権者主義を排除することが可能です。したがって、前記の売買契約の例であれば、仮に買主・売主間の契約で危険負担の債権者主義へ修正していれば、売主は売買代金の支払を請求することができたことになります。

　このように、契約をすることによって、法律上の任意規定を修正し、自社にとって有利な取引内容を設定することが可能となります。

3 民法改正の要点

　前記のとおり、私法の一般法である民法を理解することが、企業法務に携わるビジネスパーソンにとって必須といえます。

　そして、2017年（平成29年）5月に成立した「民法の一部を改正する法律」が2020年4月1日から施行されました。民法は、100年に1度の大改正を迎えたといわれるように、それまでとは私人間取引におけるルールが大きく見直されています。以下では、民法改正の要点を紹介します。

(1) 社会経済の変化への対応を図るために実質的にルールを変更する改正

　民法には契約等に関する最も基本的なルールが定められていますが、この部分は「債権法」などと呼ばれます。債権法は、1896年（明治29年）に制定されてから約120年間にわたり実質的な見直しがほとんど行われていませんでした。

　今回の改正では、①約120年間の社会経済の変化への対応を図るために実質的にルールを変更する改正と、②現在の裁判や取引の実務で通用している基本的なルールを法律の条文上も明確にし、読み取りやすくする改正が行われています。

ア．保証人の保護に関する改正

　保証契約に関するルールについて、個人（会社などの法人は含まれません）が保証人になる場合の保証人の保護を進めるため、次のような改正をしています。

（ア）極度額の定めのない個人の根保証契約は無効（465条の2）

　一定の範囲に属する不特定の債務を保証する契約を「根保証契約」といいます。たとえば、住宅等の賃貸借契約の保証人となる契約などが根保証契約に当たることがあります。個人が根保証契約を締結する場合には、保証人が支払の責任を負う金額の上限となる「極度額」を定めなけ

れば、保証契約は無効となります。

（イ）公証人による保証意思確認の手続の新設（465条の6ないし10）

　会社や個人である事業主が融資を受ける場合に、その事業に関与していない親戚や友人などの第三者が安易に保証人になってしまい、結果的に、予想もしなかった多額の支払を迫られるという事態が依然として生じています。

　そこで、個人が事業用融資の保証人になろうとする場合について、公証人による保証意思確認の手続を新設しています。この手続を経ないで行った保証契約は無効となります。

　この手続では、保証意思宣明公正証書を作成することになります。これは代理人に依頼することができず、保証人になろうとする者は自ら公証人の面前で保証意思を述べる必要があります。

　ただし、次の場合には、意思確認は不要です（465条の9）。

---

① 主債務者が法人である場合：その法人の理事、取締役、執行役や、議決権の過半数を有する株主等
② 主債務者が個人である場合：主債務者と共同して事業を行っている共同事業者や、主債務者の事業に現に従事している主債務者の配偶者

イ．約款を用いた取引に関する改正（548条の2ないし4）

　現代の社会では、不特定多数の顧客を相手方として取引を行う事業者などがあらかじめ詳細な契約条項を「約款」として定めておき、この約款に基づいて契約を締結することが少なくありません。

　このような約款を用いた取引においては、顧客はその詳細な内容を確認しないまま契約を締結することが通例となっています。しかし、民法には約款を用いた取引に関する基本的なルールが何も定められていませんでした。今回の改正では、このような実情を踏まえ、新たに、「定型約款」に関して、次のようなルールを新しく定めています。

（ア）定型約款が契約の内容となる要件（548条の2）

　顧客が定型約款にどのような条項が含まれるのかを認識していなくても、①当事者の間で定型約款を契約の内容とする旨の合意をしたときや、②定型約款を契約の内容とする旨をあらかじめ顧客に「表示」して取引を行ったときは、個別の条項について合意をしたものとみなされます。他方で、信義則に反して顧客の利益を一方的に害する不当な条項はその効果が認められません。

（イ）定型約款の変更の要件（548条の4）

　現在の実務では、事業者が既存の契約も含めて一方的に約款の内容を変更することがあります。今回の改正では、定型約款の変更がどのような要件の下で可能なのかについて新たにルールを設けています。

　定型約款の変更は、①変更が顧客の一般の利益に適合する場合や、②変更が契約の目的に反せず、かつ、変更に係る諸事情に照らして合理的な場合に限って認められます。顧客にとって必ずしも利益にならない変更については、事前にインターネットなどで周知をすることが必要です。

　変更が合理的であるかどうかを判断する際には、変更の必要性、変更後の内容の相当性、変更を予定する旨の契約条項の有無やその内容、顧客に与える影響やその影響を軽減する措置の有無などが考慮されます。

　約款中に「当社都合で変更することがあります」と記載してあっても、一方的に変更ができるわけではありません。

ウ．法定利率に関する改正（404条）

　民法には、契約の当事者間に貸金等の利率や遅延損害金（金銭債務の支払が遅れた場合の損害賠償）に関する合意がない場合に適用される利率が定められており、これを「法定利率」といいます。例えば、交通事故などを原因とする不法行為に基づく損害賠償における遅延損害金は法定利率によります。このほか、被害者の逸失利益を算定するに当たって、将来収入から運用可能益等を控除する（中間利息控除）際にも利用されます。

　極めて低金利の状態が長く続いている現状に照らすと、法定利率が高

すぎるため、不公平を生じているとの指摘がされています。

　そこで、今回の改正では、法定利率を年5%から年3%に引き下げています。また、将来的に法定利率が市中の金利動向と大きく離れたものになることを避けるため、市中の金利動向に合わせて法定利率が自動的に変動する仕組みを新たに導入しています。

エ．消滅時効に関する改正（166条ほか）

　「消滅時効」とは、債権者が一定期間権利を行使しないことによって債権が消滅するという制度をいいます。長期間が経過すると、証拠が散逸し、債務者であるとされた者が債務を負っていないことを立証することも困難になるため、このような制度が設けられているといわれています。

　民法は消滅時効により債権が消滅するまでの期間（消滅時効期間）は原則10年であるとしつつ、例外的に、職業別のより短期の消滅時効期間（弁護士報酬は2年、医師の診療報酬は3年など）を設けていました。今回の改正では、消滅時効期間について、より合理的で分かりやすいものとするため、職業別の短期消滅時効の特例を廃止するとともに、消滅時効期間を原則として5年とするなどしています。

　ただし、債権者自身が自分が権利を行使することができることを知らないような債権（例えば、債権者に返済金を過払したため、過払金の返還を求める債権については、過払いの時点では、その権利を有することがよく分からないことがあります）については、権利を行使することができる時から「10年」で時効になります。

(2) 法律の条文上も明確にし、読み取りやすくする改正

　裁判や取引の実務で通用している基本的なルールであるものの、民法の条文には明記されていなかったものを明文化する改正を多数行っています。

　例えば、次のようなルールが条文に明記されています。

ア．意思能力に関するルール（3条の2）

　交通事故や認知症などにより意思能力（判断能力）を有しない状態に

なった方がした法律行為（契約など）は無効であることは、判例で認められており、確立したルールです。高齢化社会の急速な進展に伴い、重要性も増しています。

　しかし、民法にはこのことを定めた規定がありませんでした。そこで、このルールを条文に明記しています。

イ．賃貸借に関するルール（601条以下）

　賃貸借に関しては、敷金をやりとりするという実務が広く形成されています。また、賃貸借の終了に際しては、借主が原状回復をする必要がありますが、どのような範囲で原状回復が必要かについて紛争が生ずることも少なくありません。

　しかし、民法には敷金や原状回復についての基本的なルールを定めた規定がありませんでした。

　そこで、次のような確立したルールを条文に明記しています。

（ア）敷金について（622条の2）

　賃貸借が終了して賃貸物の返還を受けたときに、貸主は賃料などの債務の未払分を差し引いた残額を返還しなければなりません。

（イ）原状回復について（621条）

　通常損耗（賃借物の通常の使用収益によって生じた損耗）や経年変化については原状回復をする必要はありません。

コラム 1
リサーチのお作法

　企業法務では、様々な企業活動に伴う法的問題点の有無をリサーチしなければならない場面が頻出します。

　経営判断にも直結する重要な事項については、外部の法律事務所にリサーチ依頼をしなければならないこともありますが、担当者としてリサーチをする場合には、以下の調査対象に当たることを意識しましょう。

　なお、インターネット検索で調査するという方法も、リサーチ事項の概要を短時間で押さえる上では有用ですが、掲載内容の信用性が担保されているわけではありませんので、あくまでも参考程度にとどめるようにしましょう。

1　条文

　リサーチ事項の法的問題点を確認する際には、必ず該当条文に当たるようにしましょう。

　法的問題点の所在は、規制立法に抵触するかどうか、ということに帰着します。リサーチ事項の法的問題点が、どの条文の、どの文言（要件）に抵触する可能性があるのかを確認することで、次に検討すべき条文の解釈や、条文に関連する行政庁や裁判所の見解の調査対象に当たりをつけることができます。

2　コンメンタール、逐条解説、基本書

　リサーチ事項に関連する条文を特定することができれば、次に当該条文の解釈を検討することになります。

　条文の解釈にあたっては、コンメンタールや逐条解説のほか、代表的な当該条文の属する法律に関する基本書が参考となります。

3　行政庁のガイドライン

　リサーチ事項の法的問題点の検討にあたっては、行政責任の有無も確

認する必要があります。また、リサーチ事項の解釈にあたり、行政庁の
見解を確認することも有用です。行政庁の見解は、ガイドラインとして
公表されているため、こちらも参照するようにしましょう。

4 裁判例の調査

　リサーチ事項の法的問題点の検討にあたり、裁判例の傾向も調査する
必要があります。裁判例の調査にあたっては、各種判例検索システムを
利用すると網羅的に把握することができます。

コラム 2
民法改正のポイントと影響を正確に理解する

　明治29年（1896年）の制定以来の大改正といわれる民法の一部改
正（債権法改正）は、2020年4月1日から施行されています。
　今回の民法改正では、契約等に関する基本的なルールについて、合計
200項目程度の改正がされましたが、企業法務に影響を及ぼすと想定さ
れる主な改正点を列挙すると、以下の通りです[1]。

1　消滅時効
2　法定利率
3　債務不履行による損害賠償・契約の解除・危険負担
4　詐害行為取消権
5　保証
6　債権譲渡・債務引受
7　定型約款
8　売買・請負
9　消費貸借・賃貸借

---

[1] 改正のポイントについては、以下の法務省HPにまとめられています。
　http://www.moj.go.jp/MINJI/minji06_001070000.html

　民法改正については書籍も多く発刊されていますので、ここで詳細を述べることは割愛しますが、既に改正民法施行から約1年が経過することから、民法改正のポイントと影響を正確に理解することは極めて重要といえます。

　まだ民法改正に対応できていない場合には、「企業取引にとって重要な影響がある改正点」から優先して速やかに対応すべきでしょう。具体的には、社内説明、要対応契約書の洗い出し、修正事項の確定などの作業が必要となります。

　なお、原則として、施行日より前に締結された契約については改正前の民法が適用され、施行日後に締結された契約については改正後の新しい民法が適用されます[2]ので、契約締結時期により適用される法律が変わることに注意が必要です。

---

[2] http://www.moj.go.jp/content/001293856.pdf

契約法を体系的に理解する[1]

　民法は、パンデクテン方式方式と呼ばれる分類・整理方式をとっており、総則、物権、債権、親族、相続の5編に分かれています。

　その中でも「第3編債権」では、債権一般に関するルールが「第1章総則」として取り出され、それ以外のルールが債権の発生原因に従って「第2章契約」「第3章事務管理」「第4章不当利得」「第5章不法行為」に分類されています。さらに、「第2章契約」では、契約一般に関するルールが「第1節総則」として取り出され、残りもいくつかの節に分けられて整理されています。

　このような「共通するルールを取り出して前に置く」という整理方式のため、1つの法律問題を解決するのに必要な条文が、様々なところに散らばっていて、まとまっていないという問題が生じます。例えば、売買契約の効力に関する民法上の問題を理解するためには、「第3編債権、第2章契約、第3節売買、第2款売買の効力」（560〜578条）だけを見たのでは不十分です。売買契約の効力に関する民法上の問題は、「第3節売買、第1款総則」はもちろんのこと、少なくとも、「第2章契約、第1節総則」「第3編債権、第1章総則」、「第1編総則」にも散らばって規定されています。さらに、民法は私法の一般法であり、実体法であることから、民法以外の特別法や手続法の規定を調べる必要がある場合もあります。

　もっとも、民法の分類・整理方式を意識して体系的に理解しておけば、法律問題が起こった際にどの規定を調べれば良いのか、見当はつくようになります。

---

1 道垣内弘人『リーガルベイシス民法入門 第3版』（日本経済新聞出版社・2019年）11〜14頁

第 **2** 章

契約締結前の法律関係
――契約実務における信義則
（1条2項）の反映

1 なぜ契約書を作成するのか?

　第1章でも述べたとおり、契約とは、当事者間における権利・義務に関する合意をいい、原則として「契約書」を作成しなくても契約は有効に成立します。もっとも、契約書には、①当事者間の合意内容を明確化し、将来、契約書の解釈をめぐってトラブルが生じないよう防止する役割が認められるとともに、②将来、当事者間で紛争が生じ、訴訟に発展した場合に、訴訟における最も有力な書証である契約書を自社に有利な証拠として利用できるよう確保しておくという役割が認められ、さらに、③各種リスクをコントロールする手段としての役割が認められます。とくに、契約社会である英米圏においては、「最悪シナリオを想定した場合におけるリスク分析及び当該リスクの最小化」こそが契約書の本質的な役割として考えられており、③リスクコントロール手段として契約書の果たす役割は極めて重要となります。

　したがって、契約書作成に際しては、強行規定に抵触しない範囲で、自社にとって最も有利な内容となるよう任意規定を修正するだけでなく、「当社にとって、最悪の場合、いかなるリスクが想定され、この契約書で本当にその最悪の事態に十分に対応できるのか」という観点からの検討が不可欠といえます。

図表2-1　契約書の役割

安定的な企業活動を行うことができる＝（楯）

交渉の主導権を握ることが可能となる＝（武器）

契約書＝企業にとって（楯）と（武器）になる

2 契約準備段階の法律関係（Ｍ＆Ａを題材に）

　以下では、契約準備段階の法律関係について解説します。

　契約準備段階から契約締結に至る法律関係については、特に事前準備が重要なＭ＆Ａを例にとります。なお、Ｍ＆Ａは幅広いスキームを包摂する概念であり、具体的なプロセスは個別の案件に応じて異なります。以下では、一般的なプロセスとしてご紹介します。

（1）事前準備

ア．対象会社の選定

　Ｍ＆Ａを計画する場合、買主は、あらかじめ策定された企業戦略及び事業戦略に基づきＭ＆Ａ取引の戦略的位置づけを明確にした後、一般公開情報や業界情報等をもとにこれら戦略に合致する買収候補企業をリストアップし、対象会社を絞り込んでいきます。

　次に、絞り込んだ対象会社ごとに、Ｍ＆Ａの目的、想定される効果、買収ストラクチャー、譲渡価格等及びスケジュール等の買収基本方針を検討します。また、必要に応じて当該Ｍ＆Ａに伴うリスク、想定される

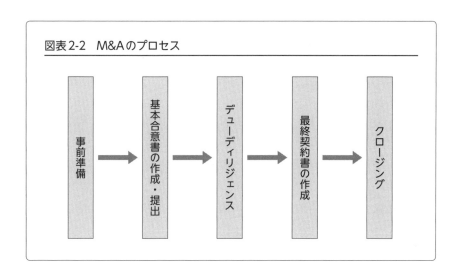

図表2-2　M&Aのプロセス

事前準備　→　基本合意書の作成・提出　→　デューデリジェンス　→　最終契約書の作成　→　クロージング

問題点及び課題を抽出し、実効的な対応策について検討します。

　対象会社の選定ができたら、当該対象会社又はその株主等に接触し、売却の感触を打診します。その結果、対象会社が売却検討の意思を表明した場合に、次の段階へと進んでいきます。

イ．秘密保持契約の締結

　対象会社がM&A取引に応じる意思を表明した場合、当事者間で最初に締結されるものが秘密保持契約です。M&Aを進めるにあたり、たとえばデューディリジェンス（DD）において売主又は対象会社の未公開の内部情報を含む重要情報が買主及びその外部アドバイザー等に開示されますが、かかる内部情報等をM&Aの検討以外の目的で使用したり、第三者に開示したりすることを禁止するための契約です。

　また、M&Aの検討がされていることが検討の初期段階で漏れてしまうと、対象会社の株価が買収を期待して高騰してしまったり、買主以外の競合他社からも買収の提案がなされたりする可能性もあるので、M&Aの検討がなされていること自体を秘密保持の対象とする場合があります。

　秘密保持契約のドラフト・レビューに際しては、とくに以下の点に留意することが大切です。

---

① 「秘密情報」の定義・範囲が合理的な内容となっているか

② 有効期間が合理的か

③ 違反時の救済手段が確保されているか

　情報開示者としては、秘密情報の定義が秘密保持義務の対象としたい情報を十分にカバーしているか（①）、秘密保持契約終了後の秘密保持期間は十分か（②）、秘密保持契約違反の救済手段が確保されているか（③）がポイントとなります。他方、情報受領者としては、秘密情報の定義から除外される情報が秘密保持義務の対象外とすべき情報を十分にカバーしているか（①）、秘密保持契約終了後の秘密保持期間は無用に長期となっていないか（②）等がポイントとなります。

なお、M&Aに際して秘密情報を交換することにより、独禁法上の問題（ガン・ジャンピング）や金商法上の問題（インサイダー取引）等が生じることもあります。

(2) 基本合意書の作成・提出

基本合意書とは、買主と売主が買収に関する基本合意に達した後に、当該合意内容について確認する目的で作成・締結される書面をいいます。基本合意書は、合併契約書等のように法律上必ず作成しなければならないものではありませんが、基本合意書を取り交わすことにより、M&A全体のスケジュールが明確になるとともに、M&A取引に向けた明確な意思表示をした誠意ある買主とみなされ、売主からDDに対する協力を得られやすいといったメリットがあることから、M&A取引において、秘密保持契約締結後に取り交わされることが一般的です。

基本合意書の内容・目的は案件ごとに異なりますが、一般的には、独占交渉権を定めることを主目的として基本合意書が締結される場合が挙げられます。この場合、取引内容に関する条項が置かれていたとしても、単に締結時点における当事者間の理解を確認するためのものであることが多く、あくまで最終契約前の仮の合意であり、DDやその後の事情変更等によって変更される可能性があることから、当該条項について法的拘束力を認めないことが一般的です。ただし、その場合にも、独占交渉権、独占交渉期間、秘密保持義務及び費用分担が規定される場合には、その性質上、これらの規定については法的拘束力を持たせることとなります。

(3) デューディリジェンス

ア．DDの概要及び目的

基本合意書を締結し、具体的な買収交渉プロセスに入った買主候補は、対象会社の各種リスクを調査するため、法務・ビジネス・財務・税務等の各観点からデューディリジェンス（DD）を行います。DDとは、企業買収などを通じてM&Aを考えている企業が、対象会社のリスクを

調査し、M&Aを実行する上で障害となりうる問題点の有無を確認する手続をいいます。DDは、その目的・イメージを端的に表現したものとして「個人同士の結婚における相手方の身辺調査」の企業版、とたとえられることがよくあります。

法務DD（前述のとおりDDには様々な観点のものがありますが、以下では特に断りのない限り、「DD」を法務DDを指すことにします）とは、事業内容、企業状況に関する法的リスクの有無や、対象会社の有する契約関係について買主が当初想定していたとおりの権利関係であるか否かを調査・確認する手続をいいます。

その目的は、概要、以下の4点に整理することができます。

---

① 取引実行の障害となる法律上の問題点の発見
② 対象会社の価値の評価に影響を与える法律上の問題点の発見
③ 買収後の事業計画等に影響を与える又は買収後に改善すべき法律上の問題点の発見
④ 経営判断に影響を及ぼしうるその他の法律上の問題点の発見

かかるDDにおいて発見された事項に基づき、買収後の事業運営に必要な許認可その他必要な手続の洗い出し、各種リスクを排除するための方策の検討、最終契約書における手当て（表明保証やクロージングの前提条件の設定、補償条項の調整）等を行います。場合によっては、M&Aのストラクチャー自体を変更することもあり、適切なDDの実施はM&Aの成否にとって極めて重要な意義を有しています。

なお、通常は買主のみがDDを実施するケースが多いですが、売主側でもあらかじめDDを実施する場合があります。

イ．DDのプロセス

DDは、以下の流れで行われることが一般的です。

---

① 買主との事前協議

② 法律事務所内部での事前準備

③ キックオフ・ミーティング

④ 資料の請求

⑤ 開示された資料の確認

⑥ オンサイトDD（現場調査）

⑦ 質疑応答

⑧ 法律上の問題点の検討

⑨ 中間報告

⑩ DDレポートの作成

⑪ 最終報告

なお、案件ごとに異なりますが、DD全体の期間としては、通常は1〜2ヶ月程度であることが多いといえます。もっとも、対象会社からの資料の開示が遅れたり、予想外の論点が顕在化したり等で当初予定されていた期間内に終わらないことも多々あります。そのため、DDの期間が後ろ倒しになる可能性も視野に入れた上で、M&A取引全体のスケジュールを組むことが大切です。

ウ．DDにおける調査分野

DDにおける一般的な調査分野は以下のとおりです。なお、個別の案件や買主の意向によって、削除される項目もあれば追加される分野、また比重の軽重が大きく異なる分野もありえます。

① 組織

② 株式

③ 契約

④ 資産

⑤ ファイナンス

⑥ 知的財産権

⑦ 労務

⑧ コンプライアンス

⑨ 許認可

⑩ 訴訟・紛争

⑪ 環境

(4) 最終契約書の作成

最終契約書に規定すべき主な項目は、概ね以下のとおりです。もっとも、案件ごとに規定内容・順序は異なり、追加で規定すべき条項や削除すべき条項ももちろんありえます。

① 買収対象・取引価格

② クロージング

③ 前提条件

④ MAC/MAE条項

⑤ 表明保証

⑥ 誓約

⑦ 補償

⑧ 解除

⑨ 準拠法

⑩ 裁判管轄

⑪ その他

(5) クロージング

M&Aにおいては、通常、当該M&Aに関する最終契約書の調印後、一定期間後にクロージングとなります。これは、M&Aにおいては、クロージングの前提として、法令等に基づき要請される手続の実施、DDにおいて発見された対象会社の抱えている法的問題点に対する手当て、その他M&Aの実行にあたり整備すべき事項の実施などが必要となることが通常であり、これら手当て等の実施に一定の期間が必要となるからです。

クロージング当日は、主に買主側において、すべての必要書類の存在等、契約上の義務履行の停止条件が充足されたことを確認した後に、買収対価が提供されます。その後、売主において着金確認などの手続を経た後に、必要書類が買主に交付されます。

3 契約交渉の流れ

(1) 契約交渉の心構え

ア.「信ぜよ、されど確認せよ」

契約交渉を行うということは、当事者双方が、相手方との間で一定の権利義務関係に入ることを受け入れたことが前提となります。

新たに相手方との間で一定の権利義務関係に入ることは、少なくともその時点において、お互いに相手方を信頼することが前提であり、これはM&Aに限らず、売買契約や業務委託契約等においても同様です。

もっとも、信頼関係を前提とした契約関係を有するからといっても、将来において紛争が起こらない保証はありません。

契約交渉、そして契約書を作成する目的の1つは、将来の紛争を未然に防ぐことにあります。契約締結時点では当事者双方が相思相愛の仲にあったとしても、契約締結後に信頼関係が崩れていき、深刻な紛争に発

展することは往々にして見られることです。

「信ぜよ、されど確認せよ」という格言がありますが、契約交渉の場面では、この格言を思い起こしましょう。

イ．契約書は先につくる（先手を打つ）

契約書はドラフトを起案する当事者がその内容を自由に策定することになるので、当該当事者サイドに有利な内容となる傾向が顕著です。相手方起案のドラフトにおいては、一見すると、公平かつ妥当な内容のように見えながらも、思わぬ落とし穴が隠されていることもあります。相手方のドラフトから将来のリスクを的確に見抜き、それへの備えを踏まえたカウンターオファーを作成することは、ドラフト作成よりも難易度が高いとすらいえます。ドラフト作成の手間の面倒を回避し、安易に相手方を盲信してそのドラフトに依拠することは、リスクへのチェックが手つかずであることを認識すべきでしょう。

ただし、相手方との関係や業界慣行等から、自社サイドでドラフトを起案できない場合もあります。そうした場合には、前述した議事録、覚書等を利用することで、相手方の自由なドラフト起案への歯止めとすることができます。

(2) 契約締結準備段階における留意点

契約準備段階においては、契約相手も未確定であり、事実関係の詳細も未定・不明確であることが少なくありません。

もっとも、交渉開始後に重大な法令リスク等の「取ってはいけない法的リスク」が顕在化した場合、事後的な対応・修正が困難であり、推進中の案件のスキーム全体を変更せざるを得なくなったり、案件そのものを中止せざるをえなくなったりするなど、重大な悪影響を生じる可能性があります。

案件に係る重大な法令違反を犯した場合、当該案件の遂行が困難となるのみならず、違反企業が多大な民事責任及びレピュテーショナルダメージを負う可能性があります。

したがって、契約準備段階において、法務担当者が第一に行うべき

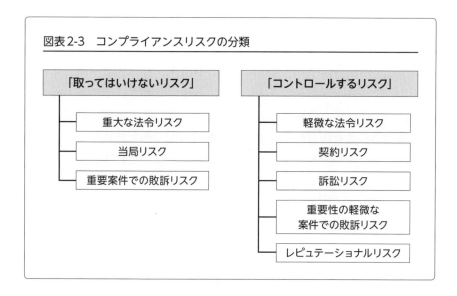

図表2-3　コンプライアンスリスクの分類

「取ってはいけないリスク」	「コントロールするリスク」
重大な法令リスク	軽微な法令リスク
当局リスク	契約リスク
重要案件での敗訴リスク	訴訟リスク
	重要性の軽微な案件での敗訴リスク
	レピュテーショナルリスク

は、案件の全体像を早期に把握し、当該案件に係る法的リスクの重大性・深刻度を適切に評価・判断し、当該法的リスクが「取ってはいけない法的リスク」「取った上でコントロールすべき法的リスク」いずれに該当するかを峻別することにあります。

ア．「取ってはいけない法的リスク」の観点

推進中の案件に係る法的リスクが「取ってはいけない法的リスク」に該当する場合、当該法的リスクについて適法に整理することが可能か、可能として、どこまで深く整理する必要があるかを検討する必要があります。

具体的には、法務担当者限りのリーガルチェックで整理することができるか、案件の重大性・違反の可能性等に鑑み規制当局への照会が必要か、取締役等の経営陣の善管注意義務を尽くすべく外部弁護士からリーガルオピニオンを取得する必要があるか、等を検討することとなります。

イ．「取った上でコントロールする法的リスク」の観点

案件に係る法的リスクが契約リスク等の「取った上でコントロールする法的リスク」にとどまる場合、当該リスクをコントロールする手段を

契約書に明確に規定する等、適切にコントロールした上で案件遂行に向けて進めていく必要があります。

　また、将来の訴訟リスクやレピュテーショナルリスクをコントロールすべく、自社内の取引ルールを確認し、相手方候補との取引が制約されていないか確認する必要がある場合もあります。たとえば、相手方候補が反社会的勢力そのものでなくても、社内規則上の不芳属性先等に該当し、取引が社内ルール上制約されていないか確認する必要があります。

(3) 契約交渉段階における留意点

ア．契約準備段階と契約交渉開始後の違い

　契約準備段階においては、取引相手方との交渉・関係は発生しておらず、案件推進に当たって障害となる重大な法令リスク等の「取ってはいけない法的リスク」の検討・対応が中心となります。

　これに対して、契約交渉開始後においては、取引相手方との交渉・関係が発生したことに伴い、契約締結上の過失に基づく不法行為責任を負わないか、相手方との交渉過程で開示した自社の企業秘密等が第三者に漏洩されるおそれがないか等のリスクが発生します。

　また、M&Aや資本業務提携契約等においては、最終的な株式譲渡契約や業務提携契約の締結に至るまでに長時間の交渉や秘密情報のやりとり等を伴うことから、交渉開始初期の段階から最終合意に対する拘束力

図表 2-4　契約交渉開始後における留意点

契約準備段階と契約交渉開始後の違いを意識する

「取ってはいけない法的リスク」の再検討

「取った上でコントロールする法的リスク」の検討

1) 「契約締結上の過失」に係るリスク
2) 秘密漏洩のリスク
3) 最終契約締結に係るリスク

の有無や秘密漏洩防止等のリスクコントロール手段を明記しておくことが望ましいといえます。

　このように、契約交渉開始後においては、不用意な交渉に伴う契約締結上の過失に基づく責任や、交渉過程における秘密漏洩のおそれ、最終契約締結にまで至らないおそれなど、契約リスク等の「取った上でコントロールする法的リスク」についての検討・対応が中心となります。

イ．「取ってはいけない法的リスク」の再検討

　ただし、契約交渉開始後においても、取引相手方が具体化したことに伴い、当初想定していた前提事実が変更される可能性があることから、「取ってはいけない法的リスク」についても、再度検討が必要となる場合があります。その場合、法務担当者にて再度リーガルチェックを行うことはもちろん、前提事実の変更に伴う法的リスクへの影響の重大性によっては再度外部弁護士に相談する必要も生じえます。

ウ．「取った上でコントロールする法的リスク」の検討

（ア）「契約締結上の過失」に係るリスク

　契約交渉を行っている当事者間において、最終的に契約を締結するか否かは原則として当事者の自由な判断に委ねられています（契約自由の原則）。もっとも、当事者が相当期間の交渉を継続し、主要な契約条件等がまとまってきたにもかかわらず、一方当事者が合理的な理由もなしに自由に契約締結を拒否できるとすると、相手方当事者はそれまでに費やした交渉の時間や経済的負担が無駄になってしまいます。

　このような場合に、合理的な理由もなく契約締結を拒んだ当事者に対して信義則上の責任を認め、不当に契約締結を拒絶された相手方当事者は、契約が締結されると信じて行動したことにより支出した費用や損害（信頼利益）について、不法行為に基づく賠償請求を行うことができることとされています（契約締結上の過失。最判平成23年4月22日　最高裁判所第2小法廷判決／平成20年（受）第1940号）。

　したがって、とくに不動産売買契約やM&A、業務提携契約などのように、長期間にわたって交渉が継続され、契約締結の期待が害されることにより大きな損害が生じる可能性のある契約類型の場合は、相手方当

事者の契約締結に向けた期待を不当に侵害しないよう、交渉の過程にも慎重な配慮が求められることとなります。また、後記基本合意書を締結する場合には、当該契約を締結しない場合に比して、より相手方当事者の契約締結に向けた期待を高めるといえ、契約締結上の過失が認められやすくなると思われます。

（イ）秘密漏洩のリスク

　契約締結に向けた交渉が開始されると、製品情報や顧客情報など、自社の様々な機密情報や個人情報等を相手方当事者に開示する必要が生じる場合があります。これらの機密情報等が相手方の企業内部に留まらず、第三者に漏洩されてしまうと、情報を開示した企業は、個人情報保護法等の法令違反に問われるだけでなく、致命的なレピュテーショナルダメージを被る可能性があります。

　かかる秘密漏洩のリスクをコントロールすべく、契約準備段階において、早期に機密情報等の管理方法や守秘義務を定めた秘密保持契約書を取り交わす必要があります。

（ウ）最終契約締結に係るリスク

　M&Aや資本業務提携などでは、最終的な株式譲渡契約や業務提携契約の締結に至るまでに長期間の交渉や機密情報等のやりとり等を行い、多大なコストと時間を費やすことが少なくありません。

　そして、長期間にわたる交渉を経たとしても、契約自由の原則の下では、相手方に最終契約締結を強制することはできず、契約締結上の過失に基づく責任追及は別として、最終契約締結には至らない可能性を排除することはできません。

　したがって、最終契約が本当に締結されるか不確定なリスクをコントロールすべく、交渉開始後できる限り早い段階で、独占交渉義務の有無や最終契約の締結に関する法的拘束力の有無等を定めた基本合意書を締結することが重要となります。

（4）契約書作成段階における留意点

ア．要件事実論

（ア）概要

　契約交渉が順調に進み、契約締結段階に至ったとしても、将来の事情の変更等により、相手方当事者と紛争が生じる可能性は排除できません。不幸にして紛争に至った場合、最終的な解決方法は裁判となります。

　そして、日本の民事訴訟における重要な考え方として、「要件事実論」を理解しておく必要があります。「要件事実論」とは、裁判において一定の法律効果を主張するためには、いずれの当事者が当該法律効果を生じさせる一定の法律要件に該当する具体的事実を主張し、立証する責任を負担するか、に関する考え方をいいます。かかる一定の法律要件に該当する具体的事実のことを「要件事実」といいます。

　「要件事実論」の下では、要件事実の主張責任を負担する当事者が、裁判において当該要件事実の存在を主張・立証できない場合、当該要件事実は存在しないものとして扱われ、敗訴することとなります。したがって、要件事実の主張・立証責任をどちらの当事者が負担するかは、訴訟の結果に直結する重要なポイントとなります。

　そのため、各契約類型に応じた要件事実及びその証拠となる事項を契

図表 2-5　契約書作成段階における留意点

要件事実論

立証責任

証拠の重要性

約書中に明確に規定することにより、当該契約の解釈をめぐって将来紛争が生じた場合において、当該契約書は極めて有力な証拠として機能することとなります。

（イ）要件事実論と契約書のドラフティング

　以下、最もシンプルかつ典型的な契約類型の一つである売買契約を例にとって、契約書のドラフティングに際して要件事実論の考え方をどのように反映すべきか、簡単にご説明します。

　買主が弁済期を過ぎても売買代金を支払ってくれず、売主が買主に対して売買代金支払請求訴訟を提起する場合、売主は、以下の要件事実を主張・立証する必要があります。

---

①　売主が買主との間で売買契約を締結したこと
②　目的物及び売買代金の特定

　すなわち、「売主は、買主に対して、令和●年●月●日付売買契約に基づき、商品○○○○を代金●万円で売却した」旨の要件事実を主張し、当該要件事実を裏付ける証拠を提出して立証していくこととなります。そこで、売買契約書では、以下の内容の条項を規定することとなります。

第●条（商品の売買）
売主は、以下に定める商品（以下「本件商品」という。）を買主に対して1個●万円で売渡し、買主は、これを買い受けるものとする。
（商品名）○○○○

　有効に作成された上記売買契約書が裁判において提出されれば、裁判所は、通常は、売主の売買代金支払請求に係る要件事実が立証されたものとして、売主の主張を認めることとなります。したがって、買主が何も反論せずにそのまま放置すると、買主は敗訴することとなります。

　これに対して、買主からは、「売買代金の支払いは、買主が本件商品について検収を実施し、合格したと認めた場合に限られるところ、裁判の対象となっている商品については検収に合格していない」旨の抗弁を主張することが考えられます。かかる抗弁を主張する場合、買主は、以下の要件事実を主張・立証する必要があります。

> ①　当事者間で、買主による検収に合格した商品についてのみ売買代金を支払う旨の合意をしたこと
> ②　本件商品は、買主による検収に合格していないこと

　買主は、検収の抗弁を主張する場合、あらかじめ売買契約書に以下の条項を規定しておくことが望ましいといえます。

> 第●条（検収）
> 買主は、本件商品受領後、速やかにこれを検査し、検査に合格した場合はその旨を証する書面を売主に対して交付し、本件商品の不適合、数量不足、数量過剰、品目違い等を発見したときは、直ちに売主に書面で申し出るものとし（以下「検収」という。）、買主は、検収に合格した本件商品についてのみ、第●条に規定する売買代金を売主に対して支払うものとする。

　買主から検収の抗弁が主張され、上記条項が規定された売買契約書が裁判において提出された場合、本当に本件商品について買主による検収に合格していないかが争点となり、売主による売買代金支払請求は直ちには認められないこととなります。

　そこで、売主としては、買主から検収の抗弁が主張される場合に備えて、あらかじめ売買契約書に買主がいつまでに検収を終えなければならないかを規定しておき、買主の主張は当該検収期間経過後になされたものであるから成立しない旨再反論することが考えられます。その場合、売買契約書には、たとえば以下の内容の条項を規定することとなりま

す。

第●条（検収）
買主は、本件商品受領後、速やかにこれを検査し、検査に合格した場合はその旨を証する書面を売主に対して交付し、本件商品の瑕疵、数量不足、数量過剰、品目違い等を発見したときは、直ちに売主に書面で申し出るものとし（以下「検収」という。）、買主は、検収に合格した本件商品についてのみ、第●条に規定する売買代金を売主に対して支払うものとする。ただし、買主は検収を本件商品受領後14日以内に完了させるものとし、買主が当該期間内に検収を完了しない場合は、売主は、当該期間の満了時に検収に合格したものとみなすことができる。

　上記但書が売買契約書に規定されていれば、売主は、本件商品の引渡しの事実と時期、検収合格の通知が引渡後14日以内になされていないことを立証することにより、買主の検収の抗弁に対して、「既に本件商品を買主に引き渡してから14日以上経過しており、売主は検収に合格したものとみなすことができるため、買主による検収の抗弁は成立しない」旨の反論が可能となります。

　このように、実際の訴訟においては、各当事者から要件事実の主張が飛び交い、当該要件事実を契約書等によって立証することとなります。したがって、あらかじめ当事者が主張するであろう要件事実を意識して契約書をドラフトすることにより、いざ訴訟となった場合に、有利に裁判を進めることが可能となります。さらに、こうした条項を明確に規定しておくことにより、裁判にまで至る前に当事者間の話し合いによる和解等の解決を促すことにもつながるものといえます。

イ．立証責任

　要件事実に沿った主張を行ったとしても、当該要件事実を立証することができなければ、訴訟上、当該要件事実は存在しないものとして扱われ、当該要件事実に基づく自己に有利な法律効果も生じないこととな

り、敗訴することとなります。そのため、要件事実を主張する当事者
は、当該事実の存在を立証する証拠を自ら探し集め、提出する必要があ
ります。

　このように、ある要件事実の存在を立証することができず、真偽不明
である場合に、その事実を要件とする自己に有利な法律効果が認められ
ないこととなる一方当事者の不利益のことを「立証責任」といいます。
そして、「立証する」とは、当事者が自己に有利な証拠を提出すること
により、裁判官に対して要件事実の存在を確信する状態にさせることを
いいます。したがって、訴訟においては、争点となっている法的論点に
係る要件事実の分析とともに、当該要件事実を立証するに足る十分な証
拠があるかが重要なポイントとなります。

ウ．証拠の重要性

　要件事実論及び立証責任の下では、いかに自社が正しいと信じる主張
を重ねたとしても、かかる主張が要件事実とは無関係な事実であれば、
訴訟との関係では意味のない主張として扱われてしまいます。また、た
とえ要件事実に該当する事実を主張したとしても、当該事実を裏付ける
客観的な証拠がなければ、裁判においてはかかる事実は存在しないもの
として扱われ、やはり敗訴することとなります。すなわち、裁判とは、
「社会正義に照らして、どちらの当事者の主張が正しいか」を判断する
場ではなく、「当事者から提出された証拠に照らして、どちらの当事者
の主張する要件事実が認められるか」を判断する場といえます。

　したがって、予防法務の観点からは、紛争が発生する前の段階から、
いかに要件事実を十分に満たすだけの証拠を揃えておくかが重要となり
ます。

（ア）証拠の種類

　それでは、裁判においては、いかなる資料が証拠となるのでしょう
か。結論としては、およそ訴訟の対象となっている要件事実に関する一
切の資料が証拠となり得ますが、大きくは、当事者や関係者から聞き
取った内容に基づく人的証拠（人証）と、契約書やメモなど、物に基づ
く物的証拠（物証）とに分類することができます。

①人証

　「人証」とは、訴訟の原告・被告となる当事者に対する当事者尋問、及び証人に対する証人尋問から得られた供述内容をいいます。

　企業間の取引においては、人証は、物証に対する補完的な証拠にとどまるのが通常です。もっとも、決定的な物証がない場合や、契約書の解釈を巡って当事者の真意や規定の主旨等が問題となっている場合などにおいては、人証が重要な証拠となる場合もあります。

②物証

　「物証」とは、文書や物それ自体等、物による証拠をいいます。中でも、裁判実務上、証拠として提出されることが多いものは、文書による証拠方法である「書証」となります。

　書証には、契約書のみならず、取締役会議事録や株主総会議事録、各種帳簿書類、報告書、稟議書、メモ帳など、およそ一切の書面が含まれます。また、物理的な「紙」ベースの資料に限らず、メールやFAXでのやりとり等も書証に含まれますし、自らの備忘としてチラシの裏に走り書きした手書メモであっても立派な証拠となりえます。

　書証は、当事者の主観が混じってしまう人証と比べて客観性が高く、虚偽が混入する可能性が低いことから、証明力（証拠としての価値）が高く評価される傾向にあります。また、書証の中でも、紛争が生じる前から作成されていた契約書や覚書、紛争とは無関係に定期的に作成されていた業務日誌や業務記録等は、とくに有力な証拠として認められやすいといえます。

（イ）契約書の重要性

　争点となっている要件事実に関する一切の資料が証拠となり得ますが、企業間の取引において最も強い証拠力が認められるのは、やはり契約書です。

　契約書には、契約締結に至るまでの当事者間の交渉の結果が各条項の文言に規定されており、当事者間の合意内容等が明確化されているだけでなく、当該合意がなされた日付が記載され、当事者双方の記名又は署名及び代表者印が押印されているのが通常です。そして、会社の代表者

印は、通常は厳格に保管されており、決済権限を有する代表者以外は自由に押印することができないことから、当事者双方の署名権限を有する者による署名押印がなされた契約書が存在すれば、裁判官は、「当事者双方が適法に契約書を作成し、契約書の作成日付時点において、当該契約書に記載された内容の合意が存在した」と判断することとなります。

　したがって、契約書ドラフト段階では、契約書の証拠としての重要性に十分に配慮し、各契約類型の留意事項を踏まえ、文字どおり一字一句に細心の注意を払ってドラフトする必要があります。

　この際、物的担保や人的担保を設定することによって債権回収の可能性を高めたり、強制執行認諾約款付公正証書の作成義務を盛り込むことによって、債権回収に係るリスクを低減することも考えられます。

（ウ）交渉過程におけるやりとりの証拠化

　書証として最も証拠価値が高いのは契約書ですが、当事者間の交渉力の優劣等によっては、契約書を取り交わすことができない場合もあります。

　しかしながら、契約書はあくまで証拠の1つに過ぎず、メールであろうと発注書・注文書であろうと、「いつ」「どこで」「誰が」「誰に対して」「何を」「どのようにして」「いくらで」提供するかが明確になっていれば、立派な証拠として認められることとなります。

　とくに、メールの場合、送信日時・送信者・受信者が明確に記載されることから、相手方当事者からの返信があれば、契約の申込みと承諾の意思表示も表れているものとして、実質的に契約書に準ずる証拠価値が認められる可能性があります。ただし、メールでのやりとりの場合、相手方当事者から返信がない場合、そのままでは相手方当事者の承諾の意思表示の確認が困難であることから、別途、相手方当事者の担当者に架電し、通話記録を残す等の方法と併用する場合もあります。

　また、発注書・注文書は、基本的には当事者の一方が相手方に対して差し入れる書面であり、相手方の承諾の意思表示が明確ではないことから、別途、発注書・注文書と同内容を記載したメールを送信したり、相手方に架電してその通話記録を残す等の方法と併用して証拠価値を高め

る場合があります。

　このように、契約書以外にも、当事者間の交渉過程におけるやりとりをもって証拠とすることも可能ですが、裏を返せば、不用意な交渉過程は、そのまま不利な証拠ともなりうることに十分に注意する必要があります。

(5) 契約履行段階における留意点

ア．契約（法律行為）の要件の確認

　契約締結が完了したからといって、法的リスクマネジメントが完了することにはなりません。そもそも、契約締結に代表される法律行為が成立するためには、以下の4つの要件を充足する必要があります。

　契約締結後に相手方との間でトラブルが生じる場合、その原因・相手方の主張は事案に応じて多種多様ですが、突き詰めれば「貴社と締結した契約は、法律行為の要件を充足していない」という主張に集約することが可能です。すなわち、相手方とのトラブルが顕在化するケースにおいては、①契約が成立していない（成立要件）、②仮に成立していても無効な契約である（有効要件）、③有効に成立していたとしても相手方に効果が帰属していない（効果帰属要件）、④有効に成立し、その効果が相手方に帰属していたとしてもいまだ発生していない（効力発生要件）のいずれかの段階において当事者間で対立が生じているものといえます。

図表 2-6　契約書履行段階における留意点

契約（法律行為）の要件の確認

契約の履行に対する抗弁事由の確認

契約の履行の確認

図表 2-7　法律行為の要件

要件	内容
成立要件	・意思表示の合致 ・要物契約 ・要式契約
有効要件	・公序良俗違反 ・強行法規違反 ・意思能力・行為能力 ・権利能力 ・法人の能力（目的の範囲内） ・意思表示 ・無効と取消
効果帰属要件	・代理 ・代表
効力発生要件	・条件 ・期限

　したがって、相手方との間で契約の履行段階以降にトラブルが生じた場合、上記法律行為の要件のいずれにおいて対立が生じているのか、1つひとつ事実関係を確認し、検討していく必要があります。

　詳細については、「第3章」で改めて整理します。

イ．契約の履行に対する抗弁事由の確認

　契約が有効に成立しているとしても、契約の履行に対する抗弁事由が付されていないか確認する必要があります。代表的な抗弁事由としては、同時履行の抗弁権（533条）が挙げられます。履行期が到来しているとしても、同時履行の抗弁が設定されている場合、相手方に対する債権を行使するためには、自社も相手方に対する債務を履行しなければなりません。

　たとえば、売買契約において、買主の代金支払義務の履行期が到来しているとしても、売主に対する同時履行の抗弁が主張できるのであれば、買主は、売主から売買契約の目的となっている商品の引渡と引き換

えでなければ代金の支払を拒むことが可能となります。このように、同時履行の抗弁が設定されている場合には、自社の相手方に対する債務を履行するにあたっての問題がないかどうかを検討する必要があります。

ウ．契約の履行の管理

　契約が有効に成立し、契約の履行に関して抗弁事由がとくになければ、実際に契約に規定した条項に従った債務の履行がなされるか管理することとなります。

　本来、債権者から特に通知しなくとも、債務者は契約に規定した条項に従って債務を履行するはずですが、すべての債務者が契約に従って債務を履行するとは限りません。契約を締結したのだから当然に履行されるはずだ、などと漫然と構えていては、放置されてしまうおそれもあります。

　したがって、履行期が到来した都度、債務の履行の有無を確認するとともに、仮に債務が履行されていないのであれば、早急に債務を履行するよう促したり、債務を履行できない事情を確認したりするなどの対応をとる必要があります。

　なお、万が一、契約締結後に相手方が債務を履行しないままであった場合には、紛争に発展する可能性もあります。

(6) 契約締結後における留意点

ア．紛争の発生の予兆
(ア) 紛争発生の予兆の把握

　契約締結後に取引先との間で紛争に発展する場合、ある日突然紛争が表面化することは稀であり、通常は紛争に発展する予兆が生じます。

　法務担当者としては、できる限り紛争自体が発生しないよう予防法務の拡充に務める必要がありますが、それでも100％紛争の発生を防ぐことはできません。そのため、いち早く紛争発生の予兆を察知し、紛争の発展・拡大を防止するように努めることも法務担当者の重要な役割となります。

　以下では、紛争発生の予兆に関し、留意すべき事項をご説明します。

（イ）紛争発生の予兆の事前察知の重要性

　紛争発生の予兆を事前に察知することの意義は、以下の3点にあります。

①紛争の「発生」防止

　紛争発生の予兆を察知することができれば、取引先との契約内容を修正すること等によって、紛争の発生そのものを防止できる可能性があります。

　そこで、紛争発生の予兆を察知した場合には、問題となっている契約（以下「原契約」）の内容を再度確認し、場合によっては原契約の内容を修正する旨の「覚書」等を取り交わすことで紛争の発生を予防できる可能性があります。

　「覚書」の締結等、原契約の修正にも相応の時間・コストを要しますが、紛争が発生した場合の対応が必要となった場合には、より多くの時間・コストを要することになります。

　したがって、少しでも早期に紛争を解決するとともに、紛争解決に要するコストを抑えるためには、原契約修正によって紛争の発生自体を未然に防止する必要があります。

②紛争の「拡大」防止

　仮に紛争の発生自体は避けられないとしても、いち早く対策を講じることによって、紛争の拡大を防止することが期待できます。

　たとえば、売買契約において、取引先の経営状況が悪化し資力に問題が生じているにもかかわらず、安易に取引関係を継続し、商品を供給し続けた場合、後日取引先の経営が破綻し、売掛金の回収が不能となる可能性があります。取引先の経営状況を把握しているにもかかわらず、漫然と売買契約を継続していれば、回収不能となる売掛金の金額が増えることになり、自社の経営に支障を来たす事態になってしまうこともありえます。

　このような深刻な事態にまで発展することのないよう、紛争の予兆を察知した場合には、できる限り早期に対策を講じ、紛争の拡大を防止する必要があります。

前記の例でいえば、取引先の経営状況が悪化しているという予兆を察知した場合、商品の販売数を調整したり、各取引における売買代金の支払時期を早めてもらうようにしたりすることで、売掛金の回収が不能になるリスクをできる限り抑えるように対応することが考えられます。

③証拠の収集・保全

　将来の紛争の発生は避けられない場合であっても、紛争発生の予兆を事前に察知することで、将来の紛争に備えた証拠の収集・保全をすることが可能となります。たとえば、ソフトウェア開発委託契約締結後に、受託者が開発した成果物が完成する前に、当該成果物の著作権の帰属に関する条項の解釈をめぐって受託者と対立が生じている場合には、著作権の帰属について決着がつくまで、受託者が契約内容に従った業務を遂行してくれない可能性があります。

　このように、契約条項の解釈をめぐって紛争に発展する予兆がある場合には、紛争に発展する前の時点から、意識的に有利な証拠を収集・保全するように対応していく必要があります。前記の例でいえば、仮にソフトウェア開発委託契約書上、成果物の著作権の帰属に関する条項そのものがなかったり、規定されていても委託者・受託者いずれに帰属するか明確でなかったりした場合には、口頭でいくら議論しても後日立証することができずに水かけ論で終わってしまうため、意識的にメールやFAX等、記録として残る媒体で行うようにしたりするほか、場合によっては受託者の担当者に架電する際に電話録音を実施するなどの対策を講じ、契約書以外の証拠を収集する等の対応が考えられます。

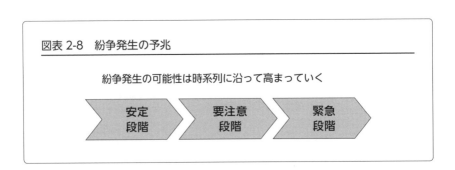

図表 2-8　紛争発生の予兆

紛争発生の可能性は時系列に沿って高まっていく

安定段階　→　要注意段階　→　緊急段階

　自社にとって有利な証拠を収集・保全することができれば、後日紛争に発展したとしても、これらの証拠をもとに交渉をすることで、早期に紛争解決をすることも期待できます。

（ウ）紛争発生の予兆・チェックリスト

　このように、紛争発生の予兆は早期の把握が重要となります。そこで、紛争発生の予兆の事前察知を可能とするために、チェックリストの

図表 2-9　紛争発生チェックリスト

類型別	安定段階 (紛争の可能性が低い段階)	要注意段階 (紛争発生の可能性が高まっている段階)	緊急段階 (紛争発生を回避できない段階)
判断ポイント	□ クレームもなく取引を継続している □ 契約に沿ったサービスが提供されている □ 期限までに支払に応じる □ 営業を継続的に行っている形跡がある	□ 契約内容についてクレームが発生してくる □ 契約に沿ったサービスが提供されない □ 期限までに支払が完了されない □ 営業を継続的に行っている様子がない □ 経営状況悪化の様子が見られる	□ クレームが代理人（弁護士）名義で送付されてくる □ サービスの提供が停止される □ 債務の支払が停止される □ 経営している様子がない □ 経営状況が極めて悪化している
要因	□ 長期に及ぶ取引関係がある □ 自社以外の競合他社が存在しない □ 経営状況が安定している	□ 取引関係が短期間にすぎない □ 競合他社の出現 □ 経営状況の悪化 　□ 主要な取引先の喪失・倒産 　□ 業界全体の不況 　□ 取引先の競合他社の出現 　□ 主力事業の失敗 　□ 製品事故等の発生 　□ 横領等の被害	□ 自社の競合他社への切り替え □ 経営状況の著しい悪化 　□ 事業全体の失敗 　□ 資金調達のショート 　□ 差押 　□ 従業員不在による事業継続の困難 　□ 不祥事によるレピュテーションリスクの顕在化
留意事項	□ 安定段階から要注意段階への移行は不透明 □ 法務担当者は営業部・現場から情報を収集できる体制を構築する	□ 要注意段階に移行してからは、従前の取引の履行を優先する □ 取引の継続・拡大の見直し・停止を検討する □ これまでの交渉経過に関する証拠を整理する（メール、FAX、文書等） □ 弁護士への相談体制を構築する	□ 弁護士への依頼を検討する □ 法的手続への移行を含めた紛争の解決方法を検討する

作成・活用をお勧めします。

　以下では、チェックリストの参考例をご紹介いたしますが、こうした
チェックリストは法令やガイドライン等で規定されているわけではない
ため、各企業や各取引類型に応じて適宜修正していくことが望ましいと
いえます。

　なお、以下のチェックリストでは、紛争が発生するリスクを整理する
ため、紛争発生の危険度を、①安定段階（紛争発生の可能性が低い段
階）、②要注意段階（紛争発生の可能性が高まっている段階）、③緊急段
階（紛争発生を回避できない段階）の3つに分類していますが、この分
類も、各企業や各取引類型に応じて、より細分化することも考えられま
す。

イ．紛争発生後の対応

　紛争が実際に生じてしまった場合には、紛争の解決方法を検討する必
要があります。

　紛争が発生した場合における解決方法については、第5章3で解説し
ます。

(7) ドラフティング（雛形に頼らない）

ア．契約書書式の有効性と限界

　一般に流通している契約書式集は、リスクコントロールという点から
見れば、定型的に予測されるリスクを基礎としつつも、必ずしも契約当
事者の利害やリスクを踏まえたものとはならないことが想定されます。
これらは参考資料としては有用ですが、実際の契約実務において、契約
当事者の利害やリスクを反映しないまま利用するべきではありません。

　契約書書式はあくまでも参考資料と捉え、実際の契約実務では、自社
が置かれている立場や相手方当事者との優劣関係を考慮し、適宜必要な
条項の加除修正を検討する必要があります。

イ．契約書の9つのパターンを理解し、使い分ける

　契約書書式が参考資料にとどまるとしても、実際に契約書を作成した
りレビューしたりする場合には、どのような視点で契約書を検討すれば

よいのかは分かりにくいと思います。

　企業法務担当者として契約書を作成ないしレビューする場合には、「3つの方向性×3つのボリューム＝9」パターンの視点で整理するとよいでしょう。

（ア）　方向性の3パターン

　多くの契約書は、対立する当事者間の契約条件を整理する内容となっています。例えば、売買契約であれば売主と買主、業務委託契約であれば委託者と受託者の契約条件を整理することになります。

　これらの契約に関する契約書を作成する場合、自社がいずれの立場になるのかを踏まえ、契約書の方向性としては、①公平、②甲（自社）有利、③乙（相手方）有利の3パターンを設定することが想定されます。

（イ）　ボリュームの3パターン

　次に、契約内容や契約当事者の立場に応じて、契約書のボリューム（分量、条項数）を整理します。契約書のボリュームに明確な基準はありませんが、実務上は、①条項数が21条以上の場合は「詳細」、②条項数が11条から20条以下の場合は「標準」、③条数が10条以下の場合は「簡易」と考えられます。

　必ずしも「詳細」な契約書の方が優れているとは限りません。契約内容や契約当事者の立場によっては、あまりにも「詳細」な契約書は取引の実情にそぐわず利用しにくかったり、相手方当事者に警戒されてしまったりして、信頼関係の構築にも影響を及ぼしかねません。したがって、契約書のボリュームについても、個別の契約交渉の状況にあわせて適切なパターンを選択する必要があります。

（ウ）　方向性3パターン×ボリューム3パターンの使い分け

　取引の「場面」に応じた契約類型ごとに、当事者間の交渉力及び自社の立場に鑑みた契約書の「性質」が「公平」「甲有利」「乙有利」いずれに該当するか、また、必要となる契約書の「内容」が「詳細」「標準」「簡易」のいずれかに該当するかを選択します。これにより、契約の場面ごとに、必要とされる契約書の性質・内容に応じた適切な契約パターンを選択することができます。

第2部において本書に記載した契約書雛形は、「公平」かつ「詳細」のパターンを想定し作成しています。

コラム 4
契約管理の心構えを作る

　契約書のレビューや契約書の作成、契約書で定めた事項の確認等、契約管理は企業法務に携わる上で避けては通ることができない業務の1つです。

　一方で、契約管理は、細かい契約書の条文をチェックし、誤字脱字がないかどうかを細かく確認する正確かつ丁寧な業務が求められる一方、トラブルが起こらない限りは契約書の内容や作成過程が注目されることはないという表に出にくい業務といえます。

　このように、契約管理は、決して企業活動において表に出て注目を集めにくい業務ではありますが、重要性が低いということではありません。

　契約管理を適切に実行するためには、当該契約締結に至る背景事情を理解した上で、想定されるリスクを抽出するとともに、契約当事者双方の関係性を踏まえて、自社のリスクをマネジメントできる範囲を設定し、書面化することが必要です。そして、かかる契約管理を適切に実行できるということは、当該契約の背景事情や自社にとって得られるリターンと想定されるリスクを正確に分析できるということであり、経営判断にも資することになります。

　契約管理は、決して既に決まっている契約締結という経営判断をなぞらえるものではなく、想像力を駆使して当該契約のリターンとリスクを想定し、自社にとってどのような契約内容を設定することが望ましいのかということを考える業務といえます。契約管理の結果次第では、そもそも当該契約のリスクがリターンを大きく上回るのであれば、当該契約の解消をアドバイスすることもありえます。かかる観点からすれば、契約管理は、経営判断にも影響を及ぼすことになります。

　また、契約管理のプロセスを効率化することは、営業部門や製造部門等、現場で活動する他部門の業務プロセスを見直すことにもなります（たとえば、契約内容における重要事項の説明義務違反を想定したリスクを回避するためには、契約書の中に重要事項の記載をするだけでなく、営

業部門における重要事項の説明方法に関する対応もあわせて想定することが求められます）。

適切な契約管理を実施することは、経営判断や業務プロセスにも積極的な価値をもたらすということを踏まえて、契約管理に臨んでいきましょう。

コラム 5
契約用語の基礎体力を培う

企業法務の担当経験が乏しいビジネスパーソンにとって、契約管理を担当する上で最初にハードルとなることは、難解な契約用語が挙げられます。

契約管理にこれから携わる方は、まず契約書に頻出の用語から押さえるようにしましょう。

以下、契約書において頻出といえる代表的な契約用語について簡単に説明します。

1 「又は」「若しくは」

「又は」と「若しくは」は、意味からいえば、どちらもいわゆる選択的接続詞であり、日常用語としては差異はありません。もっとも、法令用語としては、両者は厳格に使い分けられています。

まず、数個の語句を単純に並列するだけのときは「又は」を使用します。たとえば、「A又はB」、「A、B、C又はD」といった記載をします。

「又は」は、大きな接続の段階で使用する一方、「若しくは」はその下の小さな接続において使用します。具体的には、A又はBというグループがまずあって、これとCというものを対比しなければならないような場合に、「A若しくはB又はC」と記載します。

2　「及び」「並びに」

　併合的に結びつけられる語句が単純に並列的に並ぶだけのときは「及び」を使用します。たとえば、「A及びB」、「A、B、C及びD」といった記載をします。他方、結合される語句に意味の上で上下・強弱の段階があるときは、「及び」の他に「並びに」を使用します。具体的には、「A・Bグループ」と「C」とに分けられ、A・Bの結びつきが強いことを示す場合には、「A及びB並びにC」と記載します。

3　「時」「とき」「場合」

　「時」と「とき」については、時点や時刻が特に強調される場合には「時」を、一般的な仮定的条件を表す場合には「とき」を使用します。たとえば、「被相続人が相続開始の時において有した財産」のように使います。

　「とき」と「場合」については、いずれも仮定的条件を示すものであり、法文上の用法は同じです。そのため、一般には、別に意味に区別をつけずに、主としてその時々の語感によって適当に使い分けられることがあります。もっとも、仮定的条件が2つ重なる場合には、大きい条件については「場合」を、小さい条件には「とき」を使用します。たとえば、「控訴を棄却した画定判決とその判決によって確定した第一審の判決とに対して再審の請求があった場合において、第一審裁判所が再審の判決をしたときは」などと使うことになります。

4　「善意」「悪意」

　日常用語としては、「善意」とは、道徳的に善い人、いわゆる善人のことを、「悪意」とはその逆を意味するものとして使用されていますが、法律的な意味とは大きく異なります。

　「善意」とは、ある事情を知らないことをいい、「悪意」とは、ある事情を知っていることをいいます。このように、法律上の「善意」「悪意」とは、ある事実に対する知・不知を意味する用語であり、日常的に使用する意味での道徳的な意味合いとは関係がありませんのでご注意ください。

5 「その他」「その他の」

　「その他」と「その他の」は、日常用語としては類似した言葉ですが、法令用語としては厳密に使い分けられています。

　「その他」は、前後が並列関係にある場合に使用します。たとえば、「賃金、給料その他これに準ずる収入」というように、「その他」の前にある言葉と後にある言葉とは、全部対一部の関係ではなく、並列関係にあるのが原則です。すなわち、「賃金、給料」と「これに準ずる収入」とは別の観念として並列されており、賃金や給料が「これに準ずる収入」の一部の例示として掲げられている訳ではありません。

　これに対して、「その他の」は、前にあるものが後にあるものの例示である場合に使用します。たとえば、「内閣総理大臣その他の国務大臣」、「俸給その他の給与」というように、「その他の」の前に出てくる言葉は、後に出てくる言葉の一層意味内容の広い言葉の一部をなすものとして、その例示的な役割を果たす趣旨で使われます。

6 「直ちに」「速やかに」「遅滞なく」

　「直ちに」は、時間的即時性が最も強く、一切の遅れは許されません。意味合いとしては、即時に・間を置かずに、といったイメージです。

　「速やかに」は、できるだけ早く、という意味であり、「直ちに」「遅滞なく」と異なり、訓示的な意味で使われる場合が多いといえます。

　「遅滞なく」は、事情の許す限り、最も早く、という意味です。合理的な理由があれば、その限りでの遅れは許されると解釈することができます。

　いずれも時間的即時性を表す言葉ですが、大阪高裁昭和37年12月10日判夕141号59頁によれば、時間的即時性の強弱で言えば以下のように整理することが可能です。

「直ちに」＞「速やかに」＞「遅滞なく」
※左が最も時間的即時性が強い

---

7 「前項」「前●項」「前各項」

　「前項」「前●項」「前各項」の関係についても紛らわしいため、以下の条項をサンプルとしてそれぞれの違いを簡単に説明します。

> （例）
> 第●条
> 第1項　……
> 第2項　……
> 第3項　……
> 第4項　「前項に定める」／「前2項に定める」／「前各項に定める」

　上記例において、第4項に規定する「前項」とは第●条第3項のことを、「前2項」とは第●条第2項及び第3項のことを、「前各項」とは直前の項すべて（第●条第1項から第3項まで）を意味します。なお、「第1項から第3項まで」のように、連続する場合は「乃至（ないし）」を使用します。この記載方法は、「項」だけでなく、「条」「号」「編」「章」「節」などにおいても同様です。

8 「ものとする」

　契約書をレビューしていますと、「…する。」「…しなければならない。」「…ものとする。」「…するものとする。」といった用語が同一の契約書中で混在しているケースを頻繁に見受けます。これらの用語については、その時々の語感によって使い分けている例が多いのではないかと思います。実際、法令においても、「ものとする。」「するものとする。」という用語は頻繁に登場しますが、その用法は必ずしも一様ではありません。意味合いとしては、「…しなければならない。」又は「…する。」というような、一定の作為義務を表そうとする場合や一定の事実を断定的に表そうとする場合と近いといえます。もっとも、これらの用語を使うとニュアンスが少しきつく出過ぎるため、もう少し緩和した表現を用いたい場合に、この「ものとする。」という表現が使われることが多いといえます。

契約審査業務をマニュアル化し漏れをなくす

　契約審査業務には、契約自体のリスク管理と、契約書レビューによる
リスク管理の2つの要素があります。

　いずれの要素も、個別の事案に応じて注意すべき事項が異なります
が、ある程度チェックすべき事項をマニュアル化することで、効率化と
チェック漏れのリスク回避を図ることができます。

1　契約自体のリスク管理

　契約自体のリスク管理にあたっては、以下のリスク管理表を利用する
などすると効率的です（詳細は65頁をご参照ください）。

類型別	安定段階 （紛争の可能性が低い段階）	要注意段階 （紛争発生の可能性が高まっている段階）	緊急段階 （紛争発生を回避できない段階）
判断 ポイント	□ クレームもなく取引を継続している □ 契約に沿ったサービスが提供されている □ 期限までに支払に応じる □ 営業を継続的に行っている形跡がある	□ 契約内容についてクレームが発生してくる □ 契約に沿ったサービスが提供されない □ 期限までに支払が完了されない □ 営業を継続的に行っている様子がない □ 経営状況悪化の様子がみられる	□ クレームが代理人（弁護士）名義で送付されてくる □ サービスの提供が停止される □ 債務の支払が停止される □ 経営している様子がない □ 経営状況が極めて悪化している
要因	□ 長期に及ぶ取引関係がある □ 自社以外の競合他社が存在しない □ 経営状況が安定している	□ 取引関係が短期間にすぎない □ 競合他社の出現 □ 経営状況の悪化 　□ 主要な取引先の喪失・倒産 　□ 業界全体の不況 　□ 取引先の競合他社の出現 　□ 主力事業の失敗 　□ 製品事故等の発生 　□ 横領等の被害	□ 自社の競合他社への切り替え □ 経営状況の著しい悪化 　□ 事業全体の失敗 　□ 資金調達のショート 　□ 差押 　□ 従業員不在による事業継続の困難 　□ 不祥事によるレピュテーションリスクの顕在化

留意事項	☐ 安定段階から要注意段階への移行は不透明 ☐ 法務担当者は営業部・現場から情報を収集できる体制を構築する	☐ 要注意段階に移行してからは、従前の取引の履歴を優先する ☐ 取引の継続・拡大の見直し・停止を検討する ☐ これまでの交渉経過に関する証拠を整理する（メール、FAX、文書等） ☐ 弁護士への相談体制を構築する	☐ 弁護士への依頼を検討する ☐ 法的手続への移行を含めた紛争の解決方法を検討する

2　契約書レビューのチェックリスト

　契約書レビューにあたっては、契約書の形式面に関するチェックリストを活用しましょう。

　契約書の形式面に関して注意すべき主な点としては以下のとおりです。定義の正確性や空欄の補充漏れ等がないかをチェックするためには、Word の検索機能も利用すると便利です。

☐　誤字・脱字等はないか？
　　⇒　誤字・脱字等が直ちに契約書の効力に影響を及ぼすことは少ないですが、「甲」と「乙」が入れ替わっていたり、取引金額の桁を間違えていたりするなど、致命的なミスがある場合もあります。

☐　「本件取引」、「本件不動産」等の、契約書において定義付けされた用語が正しく使用されているか？

☐　日付・金額に間違いはないか？参照条文にズレ等はないか？
　　⇒　契約締結日付や契約内の各種条項で引用されている日付、また報酬等の金額については、最終稿となった段階で必ずドラフト段階のものとの比較を行い、内容を検証します。

☐　契約書に付随する「別紙」「別添」の漏れはないか？
　　⇒　契約書本体で概略のみを定め、事務手続や報酬額等の詳細については「別紙」、「別添」に定める場合があります。このような場合には、かかる「別紙」、「別添」等を参照する旨が

契約書本体に定められ、また、「別紙」、「別添」等の内容が
契約書本体の規定内容と平仄が合っているか確認します。

□ 空欄にしていた箇所は埋められているか？

⇒ 最終稿となった段階では必ずドラフト段階で空欄とした部分
が正確に規定されているか確認します。

□ 契約書作成途中での内部コメントはきちんと削除されているか？

⇒ 最終稿となった段階では必ずドラフト段階で修正履歴等を付
して記載した内部コメントが漏れなく反映され、削除されて
いるか確認します。

第**3**章

契約における基本法理
——法律行為を中心に

1 契約の成立

第2章3（5）ア触れたように、契約に代表される法律行為が成立するためには、以下の4つの要件を充足する必要があります。

契約締結後に相手方との間でトラブルが生じる場合、その原因や相手方の主張は事案に応じて多種多様ですが、突き詰めれば「貴社と締結した契約は、法律行為の要件を充足していない」という主張に集約することができます。

すなわち、相手方とのトラブルが顕在化するケースにおいては、①契約が成立していない（契約の成立要件）、②仮に成立していても無効な契約である（契約の有効要件）、③有効に成立していても相手方に効果が帰属していない（契約の効果帰属要件）、④有効に成立し、その効果が相手方に帰属していたとしても未だ効力が発生していない（契約の効果発生要件）のいずれかの段階において当事者間で対立が生じているも

図表 3-1　法律行為の要件

要件	内容
成立要件	・意思表示の合致 ・要物契約 ・要式契約
有効要件	・公序良俗違反 ・強行法規違反 ・意思能力・行為能力 ・権利能力 ・法人の能力（目的の範囲内） ・意思表示 ・無効と取消
効果帰属要件	・代理 ・代表
効力発生要件	・条件 ・期限

のといえます。

そこで、これら4つの要件について、1つひとつ事実を確認し、検討する必要があります。

(1) 契約の成立要件

契約の成立要件とは、契約の内容を示してその締結を申し入れる意思表示（申込み）に対して相手方が承諾をすること（意思表示の合致）をいいます（522条1項）。実際には、どのような言動を「申込み」や「承諾」ととらえるか、はっきりしない場面も多いのですが、契約内容の重要な部分について意思表示が合致しているかどうかがポイントとなります。なお、申込みも承諾も、相手方に到達してはじめて効力が生じます（97条）。

法律行為によっては、意思表示に加えて目的物の授受（要物契約）や一定の方式でなされること（要式行為）が成立要件とされる場合もあります。

例えば、要物契約である金銭消費貸借制約が成立するためには金銭の授受が必要とされ（587条）、要式契約である保証契約が成立するためには書面で契約が締結されることが必要となります（446条2項）。

(2) 契約の有効要件

契約の有効要件は、法律行為の内容に関する要件（客観的有効要件）と意思表示に関する要件（主観的有効要件）とに分類することができます。

客観的有効要件としては、契約内容が強行法規（民法やその他の法律において、当事者がそれとは異なる定めをすることを許さない、という規定）に違反していないことや、覚せい剤を売買する契約のように契約内容自体が公序良俗に違反する場合が挙げられます。

主観的有効要件としては、当事者に意思能力（自分の行為の性質を判断することのできる精神能力）・行為能力（自らの行為によって法律行為の効果を確定的に自己に帰属させる資格）・権利能力（私法上の権

利・義務の主体となりうる資格）があることや、「真の納得」のある意思表示であること（後記2で詳述します）、法人であれば定款記載の目的の範囲内であること等が挙げられます。

　なお、一旦は契約が有効に成立したとしても、トラブル発生時点においても有効に存続しているかは別途確認が必要です。例えば、契約の有効期限が設けられている場合、当該契約の自動更新条項等が規定されていない限り、契約は失効することとなります。また、支配株主の変更や経営体制の重大な変更等が生じた場合に、相手方当事者に対する通知事由や契約の解除事由等に規定されている場合もあります（チェンジ・オブ・コントロール条項）。

(3) 契約の効果帰属要件

　契約の効果帰属要件とは、代理人による契約締結の効果を当事者本人に及ぼす場合のように、法律行為の効果を他人に帰属させるための要件をいいます。具体的には、行為者に代理権や処分権が存在する必要があり、これらの権限のない行為は、原則として契約の効果が本人に帰属しないこととなります。

　例えば、会社（法人）としての契約であるにもかかわらず、会社（法人）の業務執行権限を有さない者が署名して契約を締結したとしても、会社（法人）として署名したことにはならず、有効な契約とはみなされないこととなります（後記3で詳述します）。

(4) 契約の効力発生要件

　契約の効力発生要件とは、契約の効力が発生するための要件をいい、一定の事実が生じない限り、契約の効力が発生しないこととなります。

　具体的には、将来到来することが確実な事実を基準とした「期限」や、将来到来するかどうかは未確実な「条件」（発生に条件がついている場合は「停止条件」、消滅に条件がついている場合は「解除条件」）があります。例えば、停止条件は、「銀行から融資がされれば、商品を購入する」というようなケースです。

　なお、金銭消費貸借契約においては、返済期限より前に一定の事由が生じた場合、返済期限よりも前に返済を求められるという期限の利益喪失条項が定められていることも多いため、注意が必要です。また、他の契約において期限の利益喪失事由が生じた場合に、当該契約等においても連動して期限の利益喪失事由となる旨の条項（クロスデフォルト条項）が定められている場合もあります。

2　意思表示の理論──「真の納得」のない意思表示[4]

(1) 5つの制度

　実際に契約を締結するにあたっては、「真の納得」のない意思表示をしてしまう場合があります。民法では、「本人の帰責性」と「相手方・第三者の要保護性」という観点を基準に、「真の納得」のない意思表示として①心裡留保による意思表示、②虚偽表示、③強迫による意思表示、④錯誤による意思表示、⑤詐欺による意思表示の5つを定めています。以下では、これらを2つの場合に分けて見ていきます。

(2) あえて「真意」に対応しない意思表示をした場合

ア．心裡留保による意思表示

　「心裡留保による意思表示」は、相手方と示し合せることなく、自発的にされた、「真意」に対応しない意思表示のことです。典型的には冗談のことで、売るつもりもない不動産を「3000万円で売りたい」と持ちかけたような場合です。

　この場合、「本人の帰責性」が大きいことは明らかですが、冗談であることをすぐに見抜けることも多いため、必ずしも「相手方の要保護

4　道垣内・前掲注1、79頁
　佐久間毅『民法の基礎1　総則　第5版』（有斐閣・2020年）116頁
　筒井健夫・村松秀樹『一問一答　民法（債権関係）改正』（商事法務・2018年）16頁

性」があるとはいえません。

　そこで、民法では、原則として心裡留保による意思表示を有効とし、それが真意に基づくものでないことを相手方が知り、又は知ることができた場合には、その意思表示を無効としています（93条1項）。ただし、心裡留保による意思表示によって形成された法律関係から、さらに第三者が登場した場合、真意に基づくものでないことを知らない善意の第三者に対しては、意思表示が無効であることを主張できません（同条2項）。

イ．虚偽表示

　「虚偽表示」は、相手方と示し合わせて、かつ、自発的にされた、「真意」に対応しない意思表示のことです。例えば、Aが自宅の差押えを免れるために、Bと示し合わせて、その自宅をBに売ったという形にして、所有権の登記もBに移転してしまうような場合です。

　この場合も「本人の帰責性」は大きいといえます。また、相手方も真意でないことを知っているのですから、「相手方の要保護性」もないといえます。

　そこで、民法では、虚偽表示は無効としています（94条1項）。ただし、虚偽表示によって形成された法律関係から、さらに第三者が登場した場合、真意に基づくものでないことを知らない善意の第三者に対しては、意思表示が無効であることを主張できません（同条2項）。この点は、①心裡留保と同じですが、実務上は②虚偽表示の場合が圧倒的に多いといえます。

ウ．強迫による意思表示

　「強迫による意思表示」は、他人に害悪を示され畏怖させられた結果としてされた、「真意」に対応しない意思表示のことです。例えば、「この家屋を売らないと放火する」と脅され、仕方なく売買契約に合意するような場合です。

　この場合、「本人の帰責性」は小さいといえます。また、強迫した本人が相手方の場合には、「相手方の要保護性」はないといえます。

　そこで、民法では、強迫による意思表示は取り消すことができるとし

ています（96条1項）。そして、①心裡留保や②虚偽表示と異なり、強迫による意思表示は「本人の帰責性」が小さいことから、その取消しは第三者に対しても主張することができます。

(3) 意思表示が「真意」に対応しないことを意識していない場合

　実務上は、意思表示が「真意」に対応しないことを意識していない場合のトラブルが非常に多く、錯誤や詐欺による意思表示についての理解は不可欠であるといえます。

ア．錯誤による意思表示

　「錯誤による意思表示」は、自らした意思表示がその「真意」に対応していないことを表意者が意識していない場合です。典型的には言い間違いや思い違いをした場合です。錯誤による意思表示をした者は、これを取り消すことができますが（95条1項本文[5]）、錯誤による意思表示によって形成された法律関係から、さらに第三者が登場した場合、真意に基づくものでないことを知らず、知らないことに過失のない善意無過失の第三者に対しては、取消しを主張できません（同条4項）。

　ただ、言い間違いや思い違いをする場面は様々あり、取消しを簡単に認めると相手方に不当な損害を及ぼすことになるため、民法では、以下の2つの錯誤に区別して、錯誤が認められる要件を限定しています。

(ア) 意思表示に対応する意思を欠く錯誤

　例えば、10円というべきところを「100円」と言った場合（表示上の錯誤）や、1ドルで買うつもりだったが、ドルとポンドが同価値であると誤解し、「1ポンド」と言った場合（内容の錯誤）があります。

　どのような内容でも、何らかの意思表示があるとき、そこに思い違いがあり、「意思を欠く」ということになれば、常に錯誤として取り消すことができるというのでは、取引の安全は図れません。そこで、2つの絞りがかけられます。

---

[5] 改正前民法では、錯誤の効果は「無効」でしたが、表意者保護の観点からすると、表意者が無効を主張していない場合にまで、あえて相手方や第三者からの無効の主張を許す必要はないため、「取消し」に改正されました。

第一に、「その錯誤が法律行為の目的及び社会通念に照らして重要なものであるとき」という絞りです（95条1項本文）。重要か否かは、もしその部分に錯誤がなければ、意思表示をした人も、また通常の人も、そのような意思表示をしないと思われるか否か、という基準で判断されます。また、契約な無関係な事項についての錯誤は除外されます。

　第二に、「錯誤が表意者の重大な過失によるものであった場合」には、意思表示の取消しをすることができないという絞りです（95条3項本文）。表意者が著しく注意を欠いた結果であるときは、「本人の帰責性」が大きく、「相手方の要保護性」の方が高いので、取消しは認められないということになります。もっとも、「相手方の要保護性」がないときは、取消しを認めてもよいため、表意者が思い違いに陥っていることを相手方が知っているか、容易に知ることができたときや、相手方も同じ思い違いをしているときには、意思表示の取消しが認められます（95条3項1号、2号）。

（イ）表意者が法律行為の基礎とした事情についてその認識が真実に反する錯誤

　例えば、ある時計に自動時刻補正機能がついていると思って「この時計を10万円でください」といったが、実は自動時刻補正機能がついていなかった場合のように、意思表示には直接に含まれていないが、表意者が前提としていたことについての錯誤のことです。

　このとき、内心で思っていただけでは意思表示の内容は形成しませんし、買主の内心は売主も知りえないため、当然に取り消すことはできません。そこで、（ア）の2つの絞りに加え、「その事情が法律行為の基礎とされていることが表示されていた」ことという第3の絞りがかかります（95条2項）。

　このような絞りがかけられている理由は、その事情が意思表示をするにあたって前提となっていることを相手方に知らせておく必要があり、また、知らせておけば、相手方も一定のリスクを覚悟しうるので、本人の保護を重んじてよいと考えられるからです。そのため、「表示」は明示になされるもののほか、黙示になされる場合も含まれますし、逆に、

物理的な意味での「表示」があっても、相手方にそのことが十分にわからないような状況であれば、表示はないとされることになります。

イ．詐欺による意思表示

アで見たように、錯誤による意思表示においては、表意者からの取消しを簡単に認めると、相手方に不当な損害を及ぼすことになるため、その範囲が限定されていました。もっとも、表意者の思い違いが、相手方が表意者を騙した結果として生じた場合には、「相手方の要保護性」はないといえます。また、直接に相手方が表意者を騙した場合でなくても、第三者が表意者を騙したことを相手方が知っていたか、容易に知ることができた場合には、やはり要保護性はないといえます。

そこで、民法では、詐欺による意思表示は取り消すことができるとし（96条1項）、第三者が詐欺を行った場合でも、相手方がその事実を知っているか、知ることができたときには、取り消すことができるとしています（同条2項）。

3 代理の理論[6]

（1）契約の署名は誰が行っている？

個人ではなく、会社が当事者となる場合には、契約書にサインをする者が当該会社を代表して契約を締結する権限を有することが必要になります。会社が定款等により代表取締役を定めている場合、代表取締役には会社を代表する権限が与えられている（会社法349条4項）ため、当該会社の代表取締役が契約書末尾の署名権者としてサインするのが一般的です。

---

[6] 佐久間・前掲注4、231頁
　道垣内・前掲注1、100頁

(2) 支店長が署名している契約は有効なのか？

　もっとも、取締役以外の支店長等の従業員であっても、会社から対外的代表権を与えられていれば、有効に契約を締結することができます。ただし、実際に代表権が与えられているかどうかは外部の取引先は把握することができないため、相手方支店長に代表権があるか疑わしい場合は、念のため契約締結権の有無を確認した方がよいでしょう。

(3) 代理権がない者による署名捺印の効力

　代理権がない者によって署名捺印がなされても、それは権限のない代理（無権代理）ですので、本人（法人であれば会社）に契約の効果は生じません（113条1項）。その場合、本人が追認すれば、最初からきちんとした代理が行われたことになり、契約の効果が生じることになります（116条）。

　ただし、追認されるかどうかがわからないのでは契約の相手方が不安定な地位に置かれるので、契約の相手方は、本人が追認しないうちに自分から契約を取り消すことができます（115条）。また、追認するかどうか、本人に催促することができ、本人がその催促を放置しておくと追認を拒絶したとみなされることになります（114条）。

　このほか、民法では、無権代理人の行為であるにもかかわらず、きちんとした代理権があるような外観を信じた相手方を保護して、本人に効果を生じさせる、表見代理規定（109、110、112条）も置かれています。ただ、相手方に権限があるかどうかは事前にきちんと確認すべきものといえ、実務でこれらの規定が使われることはあまり多くありません。

　なお、法人の代表者には包括代理権を有しており、これに対する信頼を厚く保護する趣旨から、一般法人法77条5項や会社法349条5項等の、代表者の代理権に法人内部で加えられた制限に関する第三者保護規定は、相手方が保護を受けるために過失の有無を問わないものとし、この点で民法110条の適用を排除しています。

4 サインとハンコ

(1) サインとハンコの種類

ア.「署名」と「記名」

「署名」とは、自らの氏名を手書きで書くこと、つまり自書（サイン）することをいいます。一方「記名」とは、署名以外の方法（氏名を彫ったゴム印を押す、パソコンで氏名を記載する等）で自らの氏名を記すことをいいます。すなわち、「記名」と「署名」の違いは、自署か自署でないかということです。法律の規定においては、「署名または記名押印」と定められていることから、署名はそれ自体で効力を有しますが、記名には印鑑[7]を押すことが必要といえます。

イ.「押印」と「捺印」

「押印」と「捺印」は、どちらも印鑑を押すという行為を表す言葉です。実際には、この2つを区別しないままに使われていることもよくあります。しかし、厳密には「押印」と「捺印」には違いがあります。「押印」は、「記名押印」の略語であり、自署以外によって記された氏名に印鑑を押すことを意味します。一方「捺印」は、「署名捺印」の略語であり、自署に印鑑を押すことを意味します。そのため、「記名」に印鑑を押すときは「押印」を使い、「署名」のときには「捺印」が使われます。

ウ.「割印」と「契印」

「割印」とは、契約締結の際、作成した契約書の原本と写し、正本と副本などのように2部以上の独立した文書が同一である（または関連している）ことを示すために各文書にまたがるように押印する印鑑のことを指します。自社と他社（相手方）との間で作成した契約書が「同じ時に作成された同じ契約書である」ことを証明し、後から契約書が改ざんさ

---

[7] ハンコの物体としての正式名称は「印章」ですが、ここでは便宜上「印鑑」と呼称します。また、ハンコを紙に押したときに残る朱肉の跡のことは「印影」です。「印鑑」は、役所や銀行などに登録してある印影のことです。

れたり複製されたりすることを防止する目的があります。

　「契印」とは、2枚以上にわたる契約書のつながりが正しいことを証明するために、契約書のつなぎ目や綴じ目に押す印鑑のことを指します。割印は2部以上の書類の同一性または関連性を証明する印鑑ですが、契印は割印と違い、1つの契約書の内容が正しくつながっているかを証明し、契約書のページの差替えや抜取りなどを防止する目的があります。

(2) なぜ日本はハンコ文化なのか？ ―民事訴訟法のルール

ア．ハンコの歴史

　現在、日本で印鑑を使う場面はとても多く、印鑑の種類も実印、銀行印、認印等様々です。日本で最古の印鑑は北九州で発見された「漢倭奴国王」と刻まれた金印であるとされています。印鑑は、まず、政府や地方の支配者の公の印として使われ始め、平安・鎌倉時代になって、個人の印として印鑑を押す習慣が定着したようです。明治になって、公の印はすべて、法律の規定に従って管理・使用されることになり、個人の印は印鑑登録制度が導入され現在に至っています。日本においてハンコ文化が普及したのは、署名（サイン）よりも偽造されにくいこと、識字率が低かったこと、紙での処理が簡便であること等が理由とされています。1900年（明治33年）に施行された「商法中署名スヘキ場合ニ関スル法律」では、記名捺印を署名に代用することが定められ、商法32条に引き継がれました（現在は規定が廃止されています）。このような日本のハンコ文化をもとに、民事訴訟法では次のようなルールが決められています。

イ．民事訴訟法のルール

　民事裁判において、私文書が作成者の認識等を示したものとして証拠（書証）になるためには、その文書の作成者とされている人（作成名義人）が真実の作成者であると相手方が認めるか、そのことが立証されることが必要であり、これが認められる文書は、「真正に成立した」ものとして取り扱われます。民事裁判上、真正に成立した文書は、その中に作成名義人の認識等が示されているという意味での証拠力（形式的証拠

力）が認められます。民事訴訟法（以下、「民訴法」といいます。）228
条4項は、「私文書は、本人［中略］の署名又は押印があるときは、真
正に成立したものと推定する」と規定しており、契約書等の私文書の中
に、本人の押印（本人の意思に基づく押印と解釈される）があれば、そ
の私文書は、本人が作成したものであることが推定されます。この規定
を簡単に言い換えれば、裁判所は、ある人が自分の押印をした文書は、
特に疑わしい事情がない限り、真正に成立したものとして、証拠に使っ
てよいという意味です。そのため、文書の真正が裁判上争いとなった場
合でも、本人による押印があれば、証明の負担が軽減されることになり
ます。もっとも、この規定は、文書の真正な成立を推定するにすぎませ
ん。その文書が事実の証明にどこまで役立つのか（＝作成名義人によっ
てその文書に示された内容が信用できるものか）といった中身の問題
（実質的証拠力）は、別の問題であり、民訴法228項4項は、実質的証拠
力については何も規定していません。なお、文書に押印があるかないか
にかかわらず、民事訴訟において、故意又は重過失により真実に反して
文書の成立を争ったときは、過料に処せられます（民訴法230条1項）。

(3) 内閣府の方針

　内閣府は、新型コロナウイルス感染拡大への対応として、2020年7月
8日、「「書面、押印、対面」を原則とした制度・慣行・意識の抜本的見
直しに向けた共同宣言〜デジタル技術の積極活用による行政手続・ビジ
ネス様式の再構築〜」[8]において、押印に関する民事基本法上の規定の意
味や押印を廃止した場合の懸念点に応える整理（内閣府・法務省・経済
産業省作成の「押印についての Q&A」[9]）に基づき、押印が必須でない
旨を周知し、民間事業者による押印廃止の取組みを推進するとともに、
押印が必要な場合においても、書面の電子化のために電子署名等の電子
認証の周知・活用が図られるよう取り組む方針を示しました。
　内閣府は、私法上、契約は当事者の意思の合致により、成立するもの

---

[8] https://www8.cao.go.jp/kisei-kaikaku/kisei/publication/document/200708document01.pdf
[9] https://www8.cao.go.jp/kisei-kaikaku/kisei/publication/document/200619document01.pdf

であり、書面の作成及びその書面への押印は、特段の定めがある場合を除き、必要な要件とはされていないことから、原則として、「契約に当たり、押印をしなくても、契約の効力に影響は生じない」ことを明確に示しました。

　また、民訴法228条4項の効果は限定的であり、本人による押印があったとしても万全というわけではないこと等を理由として、「テレワーク推進の観点からは、必ずしも本人による押印を得ることにこだわらず、不要な押印を省略したり、「重要な文書だからハンコが必要」と考える場合であっても押印以外の手段で代替したりすることが有意義である」としています。そして、文書の成立の真正を証明する手段として、電子署名や電子認証サービスの活用のほか、契約締結前段階での本人確認情報の保存、メールやSNS等のやりとりでの文書・契約の成立過程の保存等を挙げています。

　そして、内閣府は、令和2年12月18日、地方公共団体が押印の見直しを実施する際の参考として、国の取組について解説するとともに、押印の見直しに取り組む際の推進体制、作業手順、判断基準等を示す「地方公共団体における押印見直しマニュアル」[10]を作成しました。

　このように、本人による押印がなくても契約の効力に影響が生じないとの考え方が浸透すれば、いずれ日本のハンコ文化は消えることになるかもしれません。

5 継続的契約の特殊性

(1) 売買予約と継続的売買

　民法556条1項は、「売買の一方の予約は、相手方が売買を完結する意思を表示した時から、売買の効力を生ずる」と、売買契約の予約につい

---

[10] https://www8.cao.go.jp/kisei-kaikaku/kisei/imprint/document/manual/201218manual_ver01.pdf

て規定していますが、実際にはほとんど使われていません。

　実務では、例えばメーカーと特約店との間で、売主はある製品を買主の注文に応じて買主に売り渡すことを約し、買主はこれを買い受けることを約する、という基本契約が結ばれることがあります。これを「包括的予約」と呼ぶこともありますが、民法が定める売買契約の予約とは異なり、注文があれば、それだけで売買契約が成立するのではなく、当事者に契約締結義務が生じるだけだと解されています。つまり、注文に応じなかった売主は、契約締結義務違反の責任を負うことになりますが、成立した売買契約の義務違反を問われるわけではありません[11]。

(2) 継続的契約のメリットとデメリット

ア．メリット

　継続的契約は、「更新しやすく、解除しにくい」という特徴があります。このうち、「更新しやすい」という点は、一番のメリットであると考えられます。

　継続的契約の基本取引契約書には、自動更新条項を設けることが多くあります。自動更新とは、契約の存続期間を定める一方で、双方が契約を終了させる意思表示をしなければ契約は更新され、それ以降も同様の取り扱いをするというルールです。契約書に自動更新条項を記載するメリットは、契約更新にかかる手負担を大幅に軽減できる点です。たとえば、契約期間が満了したあとも契約を継続する必要がある場合や、長期的な業務委託などで契約期間を定めにくいといった場合、自動更新条項によって契約を結び直すことなく取引を継続できるため、更新の合意や新たな契約の締結といった余計な事務手続を削減できます。

イ．デメリット

　他方、「解除しにくい」という点は継続的契約のデメリットであるとも考えられます。

　相手方の債務不履行によって契約を解除するためには、解除に値する

---

[11] 道垣内・前掲注1、132頁

ほど重要な債務不履行があることが必要であるとされています。例えば、メーカーと特約店が基本契約に基づき、長年、売買契約を継続してきた場合、特約店は、メーカーから自動車の供給を止められると即座に倒産に追い込まれてしまいます。このようなとき、特約店の債務不履行を理由に基本契約を解除するためには、単に債務不履行があっただけでなく、当事者間の信頼関係の破壊が要件となると考えられます。

　また、不履行の範囲に応じて、一部しか契約の解除ができない場合があります。例えば、毎月10日に世界各地のワインが2本ずつ送られてくるという契約にもかかわらず、ある月にワインが送られてこない場合、契約の解除が認められるのは将来分についてのみとなります。これまで送られてきた分については、毎月2本のワインを得るという目的が達成できているからです。もっとも、月々、スプーン、フォーク、ナイフと徐々に銀食器が送られてきて、1年間でセットが完成するという契約にもかかわらず、ある月から送られてこなくなった場合、契約全体の解除ができます。銀食器セットを揃えるという契約の目的が、全体として達成できなくなったからです[12]。

（3）継続的契約における契約パターン—基本取引契約書と個別契約書

　継続的契約の場合、実務上、取引関係が継続する間、一般的に適用される条項を定めた「基本契約」と、個別の注文ごとに適用される条項を定めた「個別契約」とに分けて締結されることが通常といえます。

　例えば、売買の基本取引契約書には、継続的な売買取引に共通に適用される基本的な事項（品質保証や瑕疵担保責任、解除事由や管轄条項など）を定めるとともに、基本契約と個別契約との関係性（両者で重複が生じる場合、個別契約の内容が優先するなど）について規定しておきます。

　これに対して、個別契約書には、品名、数量、単価、納期、支払期日など、個々の売買に必要な事項が具体的に定められることとなります。

なお、個別契約書は、「●●契約書」というタイトルや形式をとるとは限らず、むしろ、注文書と注文請書のやりとりや、メールでのやりとり等によって成立させることが一般的といえます。また、会社によっては発注書等も交わさず、電話等による口頭でのやりとりをもって個別の取引を行っているケースもあるかと思いますが、予防法務の見地より、最低限、FAXかメールでのやりとりを行い、将来のトラブルに備えて証跡を残すようにしましょう。

第 **4** 章

契約の解釈と効力

1 契約の解釈とは何か

(1) 契約の解釈に関する最高裁の考え方

　契約が締結されると、それは拘束力をもち、当事者間ではあたかも法律のような効果を有します。このとき、契約内容がとても明快で、問題になる事柄のすべてについて、きちんと定められていれば問題はありません。もっとも、実際にそのようなことは少なく、契約条項を適用する場面においては、契約の解釈が必要となります。

　契約内容は当事者の意思表示によって決められますので、契約の解釈は、当事者のした意思表示の意味内容を解釈することになります。この点について、最高裁[13]は、「法律行為の解釈にあたつては、当事者の目的、当該法律行為をするに至つた事情、慣習及取引の通念などを斟酌しながら合理的にその意味を明らかにすべきものである。」として、「当事者の合理的意味（意思）を解釈する」という考え方をとっています。

(2) 契約は総合考慮で決まる

　また、最高裁[14]は、契約書の特定の条項の解釈が争いになった事例において、「契約書の特定の条項の意味内容を解釈する場合、その条項中の文言の文理、他の条項との整合性、当該契約の締結に至る経緯等の事情を総合的に考慮して判断すべき」として、契約条項を解釈する際には、その文言や他の条項との整合性、契約締結に至る経緯等の事情を総合的に考慮するという考え方をとっています。

(3) 文言だけでなく交渉過程も重要

　契約の解釈をめぐるトラブルが発生した場合、まずは契約条項の文言の文理上の解釈をすることとなりますが、文言だけでは判断がつかない

---

[13] 最判昭和51年7月19日集民118号291頁
[14] 最判平成19年6月11日判タ1250号76頁

ことが多くあります。そのような場合、契約に至る経緯、すなわち交渉
課程が重要となります。

　(2) の最高裁判例においては、担当者が契約締結前に行った説明、
契約締結前に作成された資料の記載が、契約条項を解釈するための契約
締結に至る経緯として考慮されました。

　したがって、契約交渉時の面談メモや議事録、相手方とのメールや
FAX等のやりとりは、将来トラブルとなった場合に、契約締結に至る
経緯等の事情を証明する上で重要な証拠となりますから、可能な限り、
残しておいた方がよいでしょう。

(4) 法律用語と常識のズレに注意

ア．「善意」「悪意」

　第2章コラム5でも触れましたが日常用語としての「善意」とは、道
徳的に善い人、いわゆる善人のことを、「悪意」とはその逆を意味する
ものとして使用されていますが、法律的な意味とは大きく異なります。

　「善意」とは、ある事情を知らないことをいい、「悪意」とは、ある事
情を知っていることをいいます。このように、法律上の「善意」「悪意」
とは、ある事実に対する知・不知を意味する用語であり、日常的に使用
する意味での道徳的な意味合いとは関係がありませんのでご注意くださ
い。

イ．「果実」

　日常用語としての「果実」とは、木の実を意味するものとして使用さ
れていますが、法律では、「果実」とは目的物から生ずる利益のことを
いい、2つの種類があります。1つは、日常用語の果実と同じ意味であ
り、木を所有している場合の木の実など、物の用法に従い収取する産出
物のことで、「天然果実」といいます（88条1項）。もう1つは、物を賃
貸した場合の賃料など、物の使用の対価として受けるべき金銭その他の
物のことで、「法定果実」といいます（同条2項）。

ウ．「原状に復する（原状回復）」

　「原状に復する」とは、元の状態に戻すことを意味します。この「原

状」を「現状」と記載することは誤りです。「現状」とは、今ある現在の状態のことです。法律では、ある事情によってもたらされた現在の状態を、本来の状態に回復させる（元の状態に戻す）ことを意味しますので、「現状」ではなく「原状」が正しいことになります。

エ. 「瑕疵」「契約不適合」

改正前の民法では、「瑕疵」という文言が使われていましたが、改正後、「瑕疵」という文言は使われず、代わりに「契約の内容に適合しない（契約不適合）」という表現になりました。

改正前の「瑕疵」の意味については、物が通常有するべき性質、性能を備えていないことをいい、当事者の合意および契約の趣旨その他の契約締結当時の事情に照らし、当事者間において予定されていた目的物の品質・性能を欠く場合に認められていました。例えば、土地の売買後に調査したところ、有害物質による土壌汚染が発覚した場合に、当事者がそのような汚染が存在しないことを予定していたと考えられることから、「瑕疵」に該当すると判断されました[15]。

このような「瑕疵」の意味からすると、「契約の内容に適合しない（契約不適合）」と文言の意味はほぼ同じといえます。ただ、適用場面や責任追及の方法等が変わっていますので、詳細は (5) で述べます。

オ. 「善良な管理者の注意」「自己のためにするのと同一の注意」[16]

民法では、「善良な管理者の注意」（400条、644条等）と「自己のためにするのと同一の注意」（827条）とが対比される概念として規定されています。「善良な管理者の注意」とは、「その地位にある、思慮分別のある通常の人が払う注意」のことで、客観的な基準といえますが、「自己のためにするのと同一の注意」とは、具体的な行為者自身の注意能力を基準とした注意であり、主観的な基準といえます[17]。

---

[15] 東京地判平成27年8月7日判タ1423号307頁等

[16] 道垣内・前掲注1、203頁

[17] 主観的な基準は、その違反は論理的にありえないはずであるから（その人なりに注意していた）、「通常人が自己または自己の財産に対して払う注意」という客観的な基準と考えるべきであるという説も有力です。

(5) 民法改正による法律用語の変化に注意する

　（4）エでも述べたように、民法改正後、「瑕疵」の代わりに「契約不適合」という文言が使われています。民法改正前の契約書雛形では「瑕疵」と記載されていますので、使用する際には注意が必要です。

　また、「瑕疵」から「契約不適合」となった結果、売買の契約不適合責任の規定が特定物・不特定物を問わず適用され、契約不適合の対象は原始的瑕疵に限られないこととなりました。そして、買主のとりうる手段として、これまでの解除、損害賠償に加え、追完請求、代金減額請求も認められました。さらに、損害賠償請求には、売主の帰責性が必要になりました。

　このほか、債務不履行の場合や法定利率等は、民法改正によって契約条項を変更すべき場合もあります[18]。

　したがって、民法改正前の契約書雛形を使用する際には、単なる用語の変更に限らず、契約条項の見直しが必要となりますので、注意しましょう。

2 典型契約が契約の解釈に与える影響
（委任か請負かが勝敗を分ける）[19]

(1)「業務委託契約」の法的性質は？

　業務委託契約は、企業間取引において、よく使われる契約形態の一つです。業務委託契約とは、「ある業務の遂行を他人に委託する契約」のことです。ここで取り扱われる業務は大きく分けると、モノに関する契約と、サービスの提供に関する契約に分けることができます。例えば、モノに関する契約としては、製品の製造委託契約や商品の運搬等に関す

---

[18] 筒井・村松・前掲注4、68頁
[19] 道垣内・前掲注1、198頁

る業務委託契約などがあります。また、サービスの提供に関する契約としては、調査業務委託、人材派遣に関する業務委託、コンサルタント業務委託やシステムの開発に関する業務委託などがあります。

　もっとも、民法には「業務委託契約」という契約類型の定めはありません。そこで、民法で定めている典型契約から、業務委託契約の法的性質を考えることとなります。

　「ある業務の遂行を他人に委託する」という業務委託契約の契約内容から法的性質を考えると、「請負契約」（632条）または「委任契約」（643条。以下、本章では準委任契約（656条）も含むものとします）の性質を有すると解されています。

(2)「請負」：結果を重視／「委任」：プロセスを重視

　請負契約は、請負人がある仕事を完成することを約束し、注文者がその仕事の結果に対して報酬を支払うことを約束することによって成立します。すなわち、契約の目的は「仕事の完成」にあります。また、契約の内容に報酬の支払約束が入っているとおり、有償契約と解されていますので、報酬について合意がない場合でも報酬は認められます。ただし、仕事の完成後（仕事の目的物の引渡しと同時）でなければ報酬は請求できませんので、仕事を完成させることが必要となります。

　委任契約は、委任者が法律行為等をすることを受任者に委託し、受任者がこれを承諾することによって成立します。そのため、契約の目的は委任された「業務を遂行すること」にあります。また、原則として無償

図表 4-1　請負と委任の違い

	請負契約	委任契約
目的	仕事の完成	業務を遂行すること
報酬	合意がなくても認められる	合意がなければ認められない
仕事完成	必要	必要ではない

契約と解されており、合意がなければ報酬は認められません。報酬があるとき、その支払時期は、委任された業務遂行後となりますが、契約が中途で終了した場合でも原則として報酬全額を請求することができ、仕事の完成は必要ではありません。

　このように、請負は仕事の完成という結果を重視し、委任は業務を遂行すること自体というプロセスを重視しています。

（3）典型契約と非典型契約

　民法には、贈与、売買、交換、消費貸借、使用貸借、賃貸借、雇用、請負、委任、寄託、組合、終身定期金、和解の13種類の典型契約が定められていますが、契約自由の原則により、実際の契約は、業務委託契約のように、典型契約に当てはまらない契約（非典型契約）が多くあります。非典型契約を解釈する上で、まずは締結された契約がどの典型契約に当てはまるかを検討することとなります。

　もっとも、実際には、締結された業務委託契約が請負か委任かが曖昧な場合が多くあります。仕事の完成を契約の目的とするのか、当事者間の意思が曖昧になっていたり、当事者間の合意がはっきりしていても、そのことが契約書に明確に記載されていなかったりして、後にトラブルになることもあります。そのため、当事者間で共通の認識を明確にし、契約書に正しく記載することがトラブルの防止に役立ちます。

　また、請負と委任のいずれに該当するかは、単に契約書のタイトルや条文見出しに「請負」や「委任」と表記されているから決まるわけではありません。契約の解釈は、契約に至る経緯や契約内容などを総合的に考慮して判断されます。契約書のタイトルや形式に縛られることなく、当事者が何を行おうとしていて、どんな権利義務が生じるのかについて具体的に考えることが重要であるといえます。

（4）混合契約

　非典型契約の中には、2つ以上の典型契約の法的性質を有する契約があり、これを「混合契約」といいます。

典型的な混合契約としては、製作物供給契約が挙げられます。例えば、新規の宅地を分譲する際、その敷地に家屋を建築することになっている場合、敷地の売買と建物の建築請負が混ざっているものと考えられます。注文家具、オーダーメイドの洋服等についても同様ですが、このような場合、契約の目的は「注文どおりに作らせて、それに報酬を支払う」のか、「注文どおりにできあがったものを買う」のかは必ずしもはっきりしません。そこで、このような製作物供給契約は、請負と売買の2つの法的性質を有する契約と考えます。この場合、売買であるか請負であるかにより、注文者側が自由に契約を解除できるか否かに差が出ることとなりますので、契約条項でこの点を明確に規定しておくべきといえます。

契約の終了と履行強制

1 契約解除の注意点 ―法定解除、約定解除、合意解除、手付解除の各要件と効果

(1) 法定解除

ア．催告による解除[20]

　当事者の一方がその債務を履行しない場合において、相手方が相当の期間を定めてその履行の催告をし、その期間内に履行がないときは、その期間を経過したときにおける債務の不履行がその契約及び取引上の社会通念に照らして軽微でない場合、相手方は、契約の解除をすることができます（541条）。

　ここでのポイントは3つあります。

　まず第一に、催告期間として「相当の期間」が必要です。「相当の期間」とは、既に履行の準備をした者が履行をするために必要な期間であると解されています。そのため、履行の内容によって「相当の期間」は変わることとなります。

　第二に、契約を解除するためには、解除に値するほど重要（「軽微」でない）な債務不履行があることが必要です。重要か否かは、契約の目的に照らして判断されることとなります。契約の目的を達成するために必須ではない付随的な義務の不履行では、解除は認められません。例えば、不動産の売買契約において買主の代金支払債務の履行が遅れたことは、原則として重要な債務不履行であると考えられますが、買主の租税負担義務の不履行による解除は認められない[21]と考えられます。

　そして、第三に、債務不履行について債務者の帰責事由があるかどうかは問題となりません。そのため、自然災害によって履行が遅れたような場合でも、解除が可能となります。ただし、債務不履行が債権者の帰責事由による場合には、債権者は解除をすることができません（543条）。

---

[20] 道垣内・前掲注1、306頁
　　筒井・村松・前掲注4、232頁
[21] 最判昭和36年11月21日民集15巻10号2507頁

図表 5-1　解除の種類

解除の種類	ポイント
法定解除	・催告による解除 　　✓催告期間 　　✓債務不履行が軽微でない 　　✓債務者の帰責事由不要 ・催告によらない解除 　　✓履行不能 　　✓履行拒絶 　　✓定期行為 　　✓催告しても履行見込みがないことが明らか
約定解除	・契約で解除事由を定めておく
合意解除	・相手方との合意
手付解除	・相手方の履行着手前 ・買主側：差し入れた手付を放棄 　売主側：手付の倍額を支払う ・特に定めがなければ、解約手付の趣旨

　解除の効果として、各当事者は、その相手方を原状に復させる義務を負うため（545条1項本文）、一言でいえば、契約がなかったことになります。そのため、金銭を返還するときは、その受領の時からの利息を付さなければならず（同条2項）、金銭以外の物を返還するときは、その受領の時以降に生じた果実をも返還しなければなりません（同条3項）。

　もっとも、解除がされ、原状回復がなされるといっても、解除された契約から形成された法律関係から生じた第三者の権利を害することはできません（545条1項但書）。ここでの第三者の主観として善意・悪意は問われませんが、登記などの対抗要件を要するとされています。

イ．催告によらない解除[22]

　次のいずれかの場合には、解除のための催告をすることなく、直ちに

---

[22] 道垣内・前掲注1、314頁
　　筒井・村松・前掲注4、238頁

契約の解除をすることができます（542条1項）。

①　債務の全部の履行が不能であるとき
②　債務者がその債務の全部の履行を拒絶する意思を明確に表示したとき
③　債務の一部の履行が不能である場合又は債務者がその債務の一部の履行を拒絶する意思を明確に表示した場合において、残存する部分のみでは契約をした目的を達することができないとき
④　契約の性質又は当事者の意思表示により、特定の日時又は一定の期間内に履行をしなければ契約をした目的を達することができない場合において、債務者が履行をしないでその時期を経過したとき
⑤　①〜④のほか、債務者がその債務の履行をせず、債権者が解除のための催告をしても契約をした目的を達するのに足りる履行がされる見込みがないことが明らかであるとき

また、次のいずれかの場合には、解除のための催告をすることなく、直ちに契約の一部の解除をすることができます（542条2項）。

⑥　債務の一部の履行が不能であるとき
⑦　債務者がその債務の一部の履行を拒絶する意思を明確に表示したとき

　債務不履行によって契約の目的を達成することが不可能になった場合には、契約を解除して当事者を契約から解放することが合理的であることから、催告によらない解除が認められています。そのため、「履行が不能」（①③⑥）は、契約その他の債務の発生原因及び取引上の社会通念に照らして判断されます（412条の2第1項参照）。
　ただし、債務不履行が債権者の帰責事由による場合には、債権者は解

除をすることができません（543条）。

(2) 約定解除[23]

（1）の法定解除は、実務上で利用するには不便なものと考えられています。その理由としては主に2つあります。

第一に、債務者の債務不履行がないと契約が解除できないという点です。例えば、売買契約において、代金支払期限がまだ到来していないときに、買主が他の債権者から差押えを受けたような場合、買主が売主に代金を支払うだけのお金がなくなったと考えられる状況であるので、売主としては早く解除をしたいと考えるでしょう。もっとも、売買契約について債務不履行はないため、法定解除ができません。そこで、実際の売買契約においては、手形不渡り、他の債権者からの差押え、破産手続開始の申立てなど、債務者の信用状態が悪化している徴候があれば、すぐに契約が解除できるという条項が置かれることが多くあります。

第二に、法定解除では、催告による解除が多いのですが、実際には一旦催告などしている暇はなく、一刻も早く解除が必要なことが多くあります。また、「相当の期間」についても、どのくらいの期間が相当なのか、争いが生じやすいといえます。そこで、実際の売買契約においては、催告なしにすぐに解除ができるという条項が置かれることが多くあります。

このように、契約において、当事者間で一定の事由がある場合に解除できると定めていた場合に認められる解除を、約定解除といいます。もっとも、仮に約定解除を定めていたとしても、その約定の内容が当事者間の公平を損なうものであるような場合には、約定解除の効力が認められなくなるという場合もありますので、注意が必要です。

(3) 合意解除（解除契約）

合意解除とは、解除権の有無を問わず、契約の当事者がこれまでの契

---

[23] 道垣内・前掲注1、310頁

約を解消して契約がなかったのと同一の状態を作ることを内容としてなす新たな契約（相互の合意）のことです。その意思表示が一方的な意思表示ではなく、相手方との合意である点で、約定解除とは異なります。

なお、適法な転貸借においては、原賃貸借の合意解除を転借人に主張することはできません（613条3項本文）。

(4) 手付解除

売買契約において買主から売主に手付が交付された場合に、相手方が契約の履行に着手する前に、買主側が解除する場合にはその手付を放棄し、売主側が解除する場合にはその手付の倍額を支払って解除することができます（557条1項）。これを手付解除といいます。手付解除は約定解除の一種です。

手付解除には差し入れられた手付が解約手付でなければなりませんが、特に何も定めずに手付が差し入れられた場合には、解約手付の趣旨であると解されます。

手付解除は債務不履行による解除の場合とは異なるため、解除をしても損害賠償の問題は生じません（557条2項）。

2 債務不履行の要件・効果 ─「不履行」の 意義、損害賠償責任の規定と実務

(1) 「不履行」の意義

債務不履行とは、債務の本旨に従った履行をしないこと又は債務の履行が不能であることをいいます。債務不履行には、①履行遅滞、②履行不能、③不完全履行の3つの態様があります。

①履行遅滞とは、履行が可能であるのに履行期を徒過した場合のことをいいます。確定期限があるときは、その期限の到来した時から、不確定期限があるときは、その期限の到来した後に履行の請求を受けた時又はその期限の到来したことを知った時のいずれか早い時から、期限を定

めなかったときは、履行の請求を受けた時から、それぞれ履行遅滞となります（412条）。

②履行不能とは、債務の履行が契約その他の債務の発生原因及び取引上の社会通念に照らして不能であることをいいます（412条の2第1項）。

③不完全履行とは、不完全な給付をしたことをいい、①、②のいずれにも含まれないものです。

(2) 損害賠償責任の規定[24]

　債務者がその債務の本旨に従った履行をしないとき又は債務の履行が不能であるときは、債権者は、これによって生じた損害の賠償を請求することができます（415条1項本文）。ただし、その債務の不履行が契約その他の債務の発生原因及び取引上の社会通念に照らして債務者の責めに帰することができない事由（帰責事由）によるものであるときは、損害賠償請求をすることができません（同但書）。すなわち、解除の場合とは異なり、債務不履行による損害賠償請求をするためには、債務者の帰責事由が必要となります。

　債務者の帰責事由は、契約で定められた義務に違反したことと密接に関わるため、実際には、債務不履行＝契約違反という事実と債務者の帰責事由を区別できないことも多くあります。そこで、民法は、債務者の帰責事由を但書に規定し、債務者が「債務者に帰責事由がないこと」を立証しなければならないものとしています。

　債務不履行による損害賠償請求ができる場合、債権者は、次のいずれかの場合には、債務の履行に代わる損害賠償請求をすることができます（415条2項）。

---

[24] 道垣内・前掲注1、322頁
　筒井・村松・前掲注4、74頁

① 債務の履行が不能であるとき
② 債務者がその債務の履行を拒絶する意思を明確に表示したとき
③ 債務が契約によって生じたものである場合において、その契約が解除され、又は債務の不履行による契約の解除権が発生したとき

(3) 損害賠償の範囲[25]

　実務上、一番問題となるのは、どういった損害が賠償の対象となるかという点です。416条では、次のように規定されています。

① 債務の不履行に対する損害賠償の請求は、これによって通常生ずべき損害の賠償をさせることをその目的とする。
② 特別の事情によって生じた損害であっても、当事者がその事情を予見すべきであったときは、債権者は、その賠償を請求することができる。

　①を「通常損害」（通常生ずべき損害）、②を「特別損害」（特別の事情によって生じた損害）といいます。
　①通常損害は、その損害が、債務不履行があったとき生じることが一般的に予見できた損害です。債務者としては、自分が債務不履行をすれば、債権者にそのような損害を生じさせることがわかるわけであるから、それは賠償させるべきである、ということになります。
　他方で、②特別損害は、一般的には予見できない損害であっても、契約交渉過程における話し合いなどを通じて、債務者にはわかっていた、

---

[25] 道垣内・前掲注1、328頁
　　筒井・村松・前掲注4、77頁

あるいは、わかっていたはずであった損害です。ただし、「予見すべきであった」[26]という文言は、事実としての予見可能性の判断ではなく、契約の趣旨に照らして、債務者に予見義務があるような事情に限定されます。

　もっとも、どういった損害の発生について債務者が「予見すべきであった」と評価されるかは、必ずしもはっきりしません。さらに、債権者側が損害を拡大した場合など、「債務の不履行又はこれによる損害の発生若しくは拡大に関して債権者に過失があったときは、裁判所は、これを考慮して、損害賠償の責任及びその額を定める。」（418条）とされています。つまり、損害賠償責任やその額について、裁判官の裁量の幅が大きくなっています。

　裁判官の裁量が大きいということは、事件ごとに個別具体的に公平な解決ができるというメリットもありますが、当事者としては、いくら賠償しなければならないのか、裁判をしてみないとよくわからないという不安定さもあります。そこで、実際の契約においては、損害賠償額の予定がされることも多くあります（420条1項）。ただし、あまりに過大な賠償額が予定されているときには公序良俗違反（90条）として減額されることもあります。

(4) 金銭債務の場合の留意点[27]

　金銭の給付を目的とする債務不履行については、その損害賠償額は、債務者が遅滞の責任を負った最初の時点における法定利率によって定められます。ただし、約定利率が法定利率を超えるときは、約定利率によります（419条1項）。

　法定利率は、年3パーセントを出発点とし、3年に一度、経済情勢の変化に合わせて変更されます（404条）。そのため、遅滞している間に法定利率が変わることもあります。このとき、金銭債務の不履行後の損

---

[26] 改正前民法では、「当事者がその事情を予見し、又は予見することができた」という文言でした。
[27] 道垣内・前掲注1、332頁
　　筒井・村松・前掲注4、86頁

害賠償額の複雑な計算を避けるために、遅滞の最初の時点の法定利率が適用されることとされています。

3 裁判所の利用方法

(1) 紛争解決方法の種類

　紛争が実際に生じてしまった場合には、紛争の解決方法を検討する必要があります。

　紛争類型には、民事責任、行政責任、刑事責任の3つの場面が考えられますが、ここでは民事責任の場面を念頭に整理しています。

　民事責任が問題となる場面では、複数の解決方法がありますが、大別すれば裁判外と裁判上の手続に分類することができます。

　さらに、裁判外手続は、①任意交渉と②ADR、裁判上の手続には、③調停、④民事保全、⑤訴訟、に分類することができます。

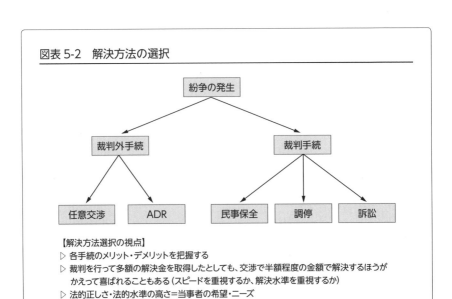

図表 5-2　解決方法の選択

【解決方法選択の視点】
▷ 各手続のメリット・デメリットを把握する
▷ 裁判を行って多額の解決金を取得したとしても、交渉で半額程度の金額で解決するほうが
　かえって喜ばれることもある（スピードを重視するか、解決水準を重視するか）
▷ 法的正しさ・法的水準の高さ＝当事者の希望・ニーズ

以下では各解決手続の概要についてご説明します。

ア．任意交渉（裁判外手続）

任意交渉とは、当事者間で係争案件について直接交渉を行う裁判外手続をいいます。

任意交渉は、裁判外手続であるため、裁判手続と比較して、簡易迅速に紛争を解決することが期待できます。また、当事者間の交渉であるために、第三者に公表したりせず、秘密裏に進めることも可能となります。さらに、解決内容はあくまでも当事者間の合意によって決めることができるため、裁判による解決よりも柔軟性に富む選択をすることが可能となります。

一方、当事者間での交渉であり、第三者が仲介したり判断を示したりするわけではないため、交渉内容の妥当性には疑問が残る可能性もあります。場合によっては、合意内容が法令に抵触することもありえますので、任意交渉による解決であっても、事前に法務部・弁護士によるリーガルチェックが必要であることはいうまでもありません。

また、任意交渉による解決のためには、当事者間での合意が成立することが前提になるため、相手方が応じなければ解決はできないことになります。

簡易迅速に解決できる、秘密裏に進めることができる、柔軟な解決が可能となるというメリットがある一方、交渉内容の妥当性のチェックを経ることができない、当事者間の合意が成立しなければ解決できないというデメリットもあるといえます。

イ．ADR（裁判外手続）／調停（裁判手続）

ADR（Alternative Dispute Resolution）とは、裁判に代わる代替的紛争解決手段の総称をいい、調停とは、当事者間の紛争に第三者が介入することによって、紛争の解決を図ることをいいます。

調停には、簡易裁判所（当事者間の合意で、ときには地方裁判所によることもあります（民事調停法3条））による民事調停と、家庭裁判所による家事調停の2種類があります。企業法務分野では、家事調停が問題となることは通常想定されませんが、民事調停手続は利用を検討する

場面があります。

　ADRや調停は、任意交渉とは異なり、第三者による仲介があることから、ADRや調停は、任意交渉と訴訟の中間に位置する手続といえます。第三者の仲介によって任意交渉よりも当事者双方の合意を得ることが期待できるほか、訴訟よりも経済的・時間的負担が少なく済みやすいといえます。もっとも、訴訟と異なり、当事者の合意がない限り終局的解決を得ることができない場合もあり、徒に時間と労力を要してしまうリスクもあります。

ウ．民事保全（裁判手続）

　民事保全とは、民事訴訟の本案の権利の実現を保全するために行う仮差押えや仮処分の裁判上の手続をいいます。

　将来の訴訟を予定した付随的な手続ですが、訴え提起前に申立てが可能である上（密行性）、申立てには厳格な証明まで要求されず（「疎明」で足りる）、迅速に手続を進めることができます。そして、仮差押が認められることによって、債務者の預貯金等の財産を押さえることが可能となり、早期の債権回収を実現することも期待できる、強力な解決方法の一つになります。

　ただし、民事保全の利用にあたっては担保を用意しなければならないなど、他の手続にはないデメリットもあります。

エ．訴訟（裁判手続）

　訴訟とは、当事者間の紛争に関し、裁判所による判断を求める裁判手続をいいます。

　訴訟のメリットは、当事者間の合意がなくとも裁判所の判断によって終局的な解決を図ることができることにあります。

　もっとも、訴訟では厳密な主張・立証が求められるため、時間的・経済的負担が他の手続よりも大きいほか、柔軟な解決を図ることが難しいというデメリットがあります。

(2) 各紛争解決方法のメリット・デメリット

　(1) でも述べましたが、紛争の各解決方法のメリット・デメリット

図表 5-3　各解決方法のメリット・デメリット

解決方法	メリット	デメリット
任意交渉	・早期解決が可能 ・費用がかからない ・柔軟な解決が可能	・合意内容の妥当性がチェックされない ・合意がなければ成立しない
ADR／調停	・第三者の仲介がある ・訴訟ほどは費用がかからない	・交渉と比べて費用・時間を要する ・合意がなければ成立しない
民事保全	・相手方の資産・権利状態を保全できる ・訴訟よりも迅速な解決が期待できる	・担保金の予納が必要 ・民事保全が認められない場合には損害賠償請求されるリスクがある
訴訟	・終局的な解決が可能 ・当事者の合意は不要	・時間的・経済的負担が大きい ・柔軟な解決は困難

第5章　契約の終了と履行強制

は、以下のとおり整理することができます。

ア．任意交渉

（ア）メリット

①早期解決が可能

　任意交渉は、裁判所や第三者機関などを利用する必要がなく、直接当事者間でやりとりを行うことになります。

　したがって、第三者を交えずに交渉をすすめることが可能となるため、交渉成立までの時間は要さないといえます。

　また、ADRや調停、民事保全や訴訟では、第三者（裁判所や調停委員等）を説得するための資料を作成・提出する必要がありますが、任意交渉であれば、当事者間の合意さえ取得することができればよいため、このような資料を作成・提出する手間を省略することも可能となります（もっとも、任意交渉とはいえ、相手方を説得するために必要であれば、詳細な資料を作成・提出を検討することは当然ありえます）。

②費用がかからない

　前記のとおり、任意交渉であれば、当事者間の合意さえ取得することができればよいため、裁判所や第三者機関などを利用する必要がありません。したがって、ADRや調停、民事保全や訴訟を利用する場合の印紙代や郵便切手代など、実費を要しないことになります。

　また、任意交渉の場合には、他の手続と比べて厳密な主張・立証が求められないため、資料の作成や証拠の収集に必要な費用を要しないといえます。

③柔軟な解決が可能

　任意交渉は、当事者間の合意によって成立するため、当事者さえ了解すれば、裁判による解決よりも柔軟性に富む選択をすることが可能となります。

　たとえば、売買代金の支払についても、訴訟（判決）による解決である場合には、一括払いしか認められないようなケースであっても、任意交渉であれば、支払能力を担保するに足りる担保権（抵当権等）を設定する代わりに、分割払いを認めるなどの方法によって解決することが考えられます。

（イ）デメリット

①合意内容の妥当性がチェックされない

　任意交渉は、裁判所や第三者機関が介在せず、当事者間の合意のみで成立するため、必ずしも合意内容には公平性が担保されている保証がありません。したがって、当事者間の立場や力関係の差異を背景に、一方当事者に偏った内容の合意となってしまうおそれも否定できません。

　また、有利な内容の合意を成立させたと思っても、片面的に有利な場合等、法令に抵触してしまい無効な合意となっている可能性も否定できません。

　任意交渉によって解決する場合には、合意内容の妥当性だけでなく、適法性も含めて、法務部や弁護士によるリーガルチェックが必要であるといえます。

②合意がなければ成立しない

　任意交渉による解決をするためには、当事者間の合意が必要となります。

　この点、当事者間双方で譲歩できる余地があれば合意に至る糸口が見いだせますが、当事者間の主張の対立があまりにも大きい場合には、任意交渉を続けているだけでは、いつまでも解決に至らないこともあります。

　また、任意交渉では当事者双方の経営陣の決済を得ることができないというケースもあります。

　このような場合には、任意交渉を継続していても解決に至らず、徒に時間が過ぎてしまいますので、早期に他の手続の利用を検討する必要があります。

イ．ADR／調停

（ア）メリット

①第三者の仲介によるため当事者双方の合意を得やすい

　ADR／調停手続は、任意交渉と異なり、当事者間に第三者が介入し、双方の主張を確認した上で、妥当な解決策を模索してもらうことになります。

　任意交渉のように、当事者間だけではお互いの主張が並行線を辿ってしまい、解決の糸口を見出すことができない場合であっても、ADR／調停手続によって第三者が介入することで、当事者双方が譲歩し、最終的な合意を得て解決することが期待できます。

②訴訟ほどは経済的・時間的負担がかからない

　ADR／調停手続の種類にもよりますが、裁判手続による場合に比べて、ADR／調停利用時の手数料は低額で収まる傾向にあります。

　また、裁判手続と比べれば、ADR／調停手続では、厳密な主張・立証までは求められない傾向にあります。

　したがって、裁判手続と比べて、ADR／調停手続は経済的・時間的負担がかからないといえます。

（イ）デメリット

①合意がなければ成立しない

　ADR／調停手続は、任意交渉とは異なり第三者が仲介してくれるものの、最終的には当事者双方の合意がなければ成立しないことになります。したがって、当事者の合意がなくとも裁判所の判断によって終局的な解決が可能な裁判手続と異なり、ADR／調停手続では、長時間にわたって期日を重ねても、結局当事者双方の合意を得ることができずに終わってしまうということがあります。

②交渉と比べて費用・時間を要する

　ADR／調停手続は、裁判手続と比べれば経済的・時間的負担がかからないとはいえ、任意交渉と比べれば柔軟性に欠ける上、申立て時の手数料や毎回の期日への対応など、経済的・時間的負担を要するといえます。

ウ．民事保全

（ア）メリット

①訴え提起前に申立てが可能（密行性）

　民事保全は、裁判手続の1つではありますが、訴え提起前であっても申立てを行うことが可能です。相手方からすれば、反論する機会もないまま、突然に仮差押等を受けることになります。その結果、民事保全の申立人側は、自己に有利な状況で交渉を進めることが可能となります。

②「疎明」で足りる（厳格な証明が求められない）

　民事保全は、訴訟とは異なり、具体的事実の主張は「疎明」で足りるとされます。

　「疎明」とは、「証明」よりも立証の程度が弱くても足りるとされ、一応確からしいとの推測を裁判官が得た状態にすれば足りることをいいます。したがって、民事保全の場合、訴訟よりも厳密な主張・立証は求められないため、訴訟による場合よりも証拠収集の負担は少なく済むといえます。

③早期に相手方の資産を保全したり、権利状態を保全したりできる

　民事保全の最大のメリットは、訴え提起前に、相手方の資産を保全したり、権利状態を保全したりすることができることにあります。

　例えば、相手方がたびたび支払期日の延期を申し入れたり、分割払い
を申し入れたりするなど、相手方の資力に不安があり、契約書記載のと
おり売買代金等が支払われるか疑わしい場合、民事保全を利用して相手
方の預金を動かすことができないよう仮差押を行うことで、相手方も諦
めて任意の支払に応じることが期待できます。

　また、他の債権者に先んじて仮差押を行うことで、少なくとも差押え
た債権相当額については優先して回収することが期待できます。

（イ）デメリット

① 民事保全の利用にあたっては担保金を予納しなければならない

　民事保全は、相手方に反論の機会が与えられないまま進めることも可
能な手続であり（「密行性」）、債権回収等にも有力な手続である反面、
不当な民事保全であると後日判断された場合には、相手方が不当な民事
保全によって被った損害を補償しなければならないとされています。

　このように、相手方が被る可能性がある損害を担保するために、民事
保全を利用する場合には、申立て時に相当額の担保金を納付することが
要求されます。担保金の金額は事案によって異なりますが、貸金や売買
代金等の請求事案において、預金債権を差し押さえる場合には、被保全
債権額の10〜30％程度とされています。

② 民事保全の理由が認められない場合、損害賠償請求されるリスクが ある

　民事保全は、相手方の反論の機会がないまま、相手方の資産を保全す
る強力な手続であり、相手方の業務には深刻な影響を及ぼすことも少な
くありません（たとえば、債権回収のために相手方の預金債権を仮差し
押さえした場合、相手方は差し押さえされた預金で他の債務を支払うこ
とができなくなってしまい、資金繰りへの影響が出る上、仮差押をされ
るということは資金調達が悪化しているか、法的リスクを抱えていると
考えられ、金融機関からの信用を失うことにもなりかねません）。

　民事保全に正当な理由が認められれば、相手方がかかる不利益を被る
ことはやむをえないとはいえ、民事保全に正当な理由が認められない場
合には、不当な民事保全を申し立てたことについて、損害賠償責任を負

うことになります。

　したがって、安易に民事保全を利用すれば、かえって申立人側が後損害賠償責任を負うことにもなりかねません。

　なお、弁護士が代理人として民事保全を申し立てていながら、かかる民事保全が不当であると判断された場合、申立人である企業だけでなく、代理人である弁護士も損害賠償責任を負ってしまう可能性があるため、弁護士としても慎重な検討が求められます。

エ．訴訟

（ア）メリット

① 当事者間の合意がなくとも裁判所の判断によって終局的な解決を図ることができる

　訴訟は、任意交渉やADR／調停と異なり、当事者間の合意がなくとも、裁判所の判断によって終局的な解決を図ることが可能です。そもそも相手方の言い分には何ら理由がなかったりする場合には、任意交渉等を重ねるよりも、訴訟を利用したほうがかえって早期の解決が期待できることもあります。

（イ）デメリット

① 厳密な主張・立証が認められるため時間的・経済的負担が大きい

　訴訟は、裁判所に対し、当事者が主張する事実を「証明」するに足りるだけの主張・立証が求められるため、任意交渉等、他の手続に比べて時間的負担が大きいといえます。

　また、訴訟を提起する場合には、印紙代や予納郵券等の裁判費用を要することになりますが、請求金額（訴額）に比例して印紙代も高額となるため、経済的負担も考慮しなければなりません。

② 和解が成立しなければ柔軟な解決は期待しにくい

　訴訟は、当事者間の合意がなくとも裁判所の判断によって終局的な解決が可能ではありますが、裁判所の判断は、原則として「請求の趣旨」の内容に沿うことになります。

　訴訟であっても当事者間の合意が成立すれば、裁判上の和解によって柔軟な解決を図ることは可能ですが、裁判所の判断（判決）による解決

図表 5-4　解決方法選択の視点

```
① 各解決方法のメリット・デメリットの把握

② 当事者の希望・ニーズの見極め（解決水準？スピード？今後の関係？）

③ 法的正しさ・法的水準の高さ　≠　当事者の希望・ニーズ
```

の場合には、「請求の趣旨」の内容に沿ったものにとどまることに留意しなければなりません。

(3) 解決方法選択の視点

　紛争の解決方法には複数の選択がありますが、いずれの解決方法を選択することがよいのかはケースバイケースといえます。解決方法を選択するにあたっては、以下の3つの視点から整理することが考えられます。

ア．各解決方法のメリット・デメリットの把握

　まず、各解決方法のメリット・デメリットを把握する必要があります。前記のとおり、各解決方法にはそれぞれ他の手続とは異なるメリット・デメリットがあります。したがって、問題となっている紛争の解決にあたり、各解決方法のメリット・デメリットを比較した上で、解決方法を選択することになります。

　なお、一般に、任意交渉から裁判手続に移行することは問題ありませんが、裁判手続を選択した後に、任意交渉に戻すということは難しい傾向にあります（裁判手続と並行して任意交渉を継続することはありますが、裁判手続自体を取り消す（訴えの取り下げ等）ことは難しいといえます）。

　この点からも、裁判手続を選択する場合には、慎重にメリット・デメ

リットを見極める必要があります。

イ．当事者の希望・ニーズの見極め

　問題となっている紛争の解決にあたり、迅速に解決することを最優先するのか、または時間がかかったとしても納得のできる解決を得ることが目的なのかによって、任意交渉によるのか、裁判手続によるのかは変わってくることになります。

　たとえば、取引先企業が経営困難に陥り、売掛金の回収が難しくなっていることが予想される場合、裁判を起こせば、売掛金全額の支払を命じる判決を得られる見込みが高いかもしれません。しかし、裁判を提起したとしても、判決が出るまでの間に取引先企業が倒産してしまい、売掛金が回収できなくなってしまいます。かといって、任意交渉を行っていては、取引先企業が任意の支払に応じてくれない限り、債権は回収できないことになります。このようなケースでは、一刻も早く債権を保全するために、民事保全手続を選択することを検討することになります。民事保全手続によったとしても、売掛金全額の差押はできないかもしれませんが、一部であっても債権回収の実効性を上げることが可能となります。

　これは債権回収が問題となる場面の一例ですが、当事者の希望やニーズによって、選択すべき解決方法は異なることになります。

ウ．法的正しさ・法的水準の高さ≠当事者の希望・ニーズ

　解決方法を選択するにあたって3つめの視点は、法的正しさや法的解決水準の高さと、当事者の希望やニーズは必ずしも一致するとは限らないということです。

　たとえば、売買契約書によれば、売買代金1億円を期日までに一括して請求できる場合でも、取引先企業の経営状況に鑑み、期日どおりに一括して支払ってもらうことを要求することが酷といえるようなケースもあります。取引先企業との今後の関係性を考えれば、一括弁済を無理強いするよりも、相手方の返済能力を考慮し、分割払を受け入れたほうが長い目で見た場合には得策といえることもあります。

　したがって、法務部や弁護士が法的手続を検討するにあたっては、法

的正しさや法的水準の高さだけで判断するのではなく、当事者の希望や
ニーズも考慮する必要があります。

コラム 7
利益率に直結する税務をおろそかにしない

　企業が事業運営をする中では、様々な取引が日常的に発生します。
　これらの取引では、金員のやりとりが生じることも少なくありません。
　これらの取引における金員の清算がどのような根拠に基づいて行われ
るかによって、課税リスクが代わってくることになります。
　例えば、A社が建設会社B社に対して依頼した建設工事に関し、B社
の都合で工期が遅延したために違約金を請求・受領したというケースを
考えてみましょう。A社がB社から受領した違約金は、①請負代金の値
引きという性格と、②遅延に伴う損害賠償という性格の2つが考えられ
ます。①であれば建物の取得価額から控除することができますが、②で
あれば建物の取得価額から控除せず収益に計上すべきことになります。
違約金が①と②のいずれに該当するか、①と②の性格が混合する場合に
はどのように配分するかは事案に即して判断することになりますが、①
として建物の取得価額から控除するのであれば、A社とB社の間で覚書
等を締結し、値引きであることを明確にすることが望ましいといえます。
　このように、企業間取引では、どのような法的性質に基づくのかを整
理することによって課税リスクが異なりうることになります。企業間取
引を検討する際には、法的リスクだけでなく、課税リスクも意識するよ
うにしましょう。

第5章までは、総論として①民法と契約の関係について整理した後、②契約の流れを踏まえた民法上の留意点を整理しました。

第2部では、「各論」として、企業法務の実務においてよく目にする契約類型を整理した上で、各契約類型に頻出する契約書の雛形を参考にしながら、民法改正を踏まえた**実務上のチェックポイント**、及び**各契約書の条項別の留意点**を解説します。

前記のとおり、契約は、口頭でも成立するものであり、契約書がなければ成立しないというものではありません。

しかしながら、企業間取引や企業・個人間の取引では、通常は双方の契約内容を明確にするためにも、契約書を締結します。

各契約類型における契約交渉上の留意点を理解するためにも、契約内容を明確に整理する契約書のチェックポイントを押さえておくことは、契約交渉に携わるビジネスパーソンにとって有用といえます。

契約書の作成というゴールから逆算して、契約準備段階や契約締結段階、また契約締結後の履行を見据えた問題点を把握できるようにしておきましょう。

▶第2部で取り上げる契約類型

第6章　　売買基本契約書

第7章　　秘密保持契約書

第8章　　株式譲渡基本合意書

第9章　　不動産賃貸借契約書

第10章　　システム開発委託契約書

第11章　　特許権譲渡契約書

第12章　　特許権実施許諾契約書

第13章　　販売店契約書

第14章　　販売代理店契約書

第 **6** 章

売買基本契約書

1 想定事例

本章では、買主XXX株式会社（甲）が、売主YYY株式会社（乙）の取り扱う製品を継続的に買い取るケースを想定しています。

2 参考書式

売買基本契約書

買主XXX株式会社（以下「甲」という。）と売主YYY株式会社（以下「乙」という。）とは、乙の取り扱う製品（以下「本件商品」という。）を、乙が甲に販売し、甲がこれを買い受ける旨以下のとおり合意し、売買契約（以下「本契約」という。）を締結する。

第1条（個別契約）
1　本契約は、甲が乙に対して発注する個々の取引にかかる契約（以下「個別契約」という。）について適用される。
2　個別契約においては、次の各号に掲げる事項を定めるものとする。
　(1) 発注年月日
　(2) 本件商品の品番等
　(3) 数量
　(4) 納期
　(5) 納入場所
　(6) 商品代金
　(7) 支払期日
　(8) 支払方法

（9）その他当該個別契約の遂行に必要な事項

3　本契約の定めは、個別契約に対して共通に適用されるものとする。ただし、個別契約においては、本契約と異なる定めをすることができるものとし、本契約と個別契約の内容が異なる場合、個別契約の規定が本契約に優先するものとする。

第2条（個別契約の成立）

1　個別契約は、甲が所定する注文書により発注し、乙がこれを承諾することによって成立する。

2　乙は、甲の発注内容に疑義又は異議がある場合、注文書受領後5営業日以内に甲にその旨通知する。当該期間内に、何らの通知も甲に到着しなかった場合、当該期間が経過した時点で、乙が甲の発注を承諾したものとみなす。

第3条（納入等）

1　乙は、個別契約に定める納期、納入場所に本件商品を納入する。納入にかかる費用は、乙の負担とする。

2　甲は、やむを得ない事由により納期の変更が必要となった場合、乙に対して納期の変更を求めることができる。

3　乙は、納期までに本件商品の全部又は一部を納入することができないおそれが生じた場合、甲に対して、すみやかにその事由、対策及び納入予定日等を通知するとともに、甲の指示に従うものとする。

4　前項の場合、甲は、本件商品の納入を拒否できる他、当該納入遅延によって生じた全ての損害について賠償請求することができる。

第4条（検収）

1　甲は、本件商品が納入された後、7営業日以内（以下「検収期間」という。）に、甲の定める検査基準及び検査方法によ

り、本件商品の品質、数量、その他必要事項について検査を行う。なお、甲は、甲の指定する第三者に当該検査を行わせることができる。

2 本件商品が検査基準を満たす場合、甲は乙に対して検収合格の旨を通知するものとし、かかる通知をもって検収完了とする。

3 本件商品が検査基準を満たさない場合等、本件商品に契約内容との不適合その他の不具合がある場合（以下当該商品を「不合格品」という。）、検収期間中に、甲は乙に対して、検収不合格である旨を通知するものとする。

4 前項の検収不合格の場合、乙は、乙の費用負担により、不合格品の引取り、代替品の準備・納入、その他甲が指定する必要な措置を講じる。なお、代替品を納入した場合、甲は再度検査するものとし、その後も同様とする。

第5条（所有権）

　本件商品の所有権は、検収完了時に、乙から甲へ移転するものとする。

第6条（契約不適合責任）

　本件商品の検収完了後6ヶ月以内（以下「不適合責任期間」という。）に、検収時には発見できなかった契約内容との不適合（品質・性能基準の不適合、動作不良その他不具合をいう。）が発見された場合、甲は乙に対して、代替品との交換又は損害賠償の請求をすることができる。なお、かかる不適合を理由として本契約又は個別契約の目的を達成できない場合には、甲は本契約又は個別契約を解除することができる。

第7条（危険負担）

　本件商品の検収完了前に本件商品の全部又は一部が滅失又は損傷

した場合、甲の責めに帰すべき事由による場合を除いて、その損害は乙が負担する。

第8条（保証等）

1　乙は、本件商品が本契約及び個別契約の内容に適合しており、一般的に期待される品質・性能・機能を備えていること及び第三者の所有権、その他一切の権利を侵害していないことを保証する。

2　本件商品が前項の保証に反することに起因して、第三者から異議、請求、損害賠償その他何らかの申立がなされ又は訴訟が提起される等紛争が生じた場合、乙の費用と責任においてこれを解決するものとし、甲に何ら損害を及ぼさないものとする。

第9条（支払）

1　甲は、個別契約で定めた商品代金を、個別契約で定めた支払期日及び支払方法により支払うものとする。ただし、支払日が甲又は金融機関の休業日にあたる場合、その翌営業日までに支払うものとする。

2　乙及び甲は、次の各号の事由が生じた場合、双方協議の上、適正な価格へと見直しを行うことができるものとする。

　(1)　当事者の責に帰すべからざる事由で、予見できないような著しい事情の変更があったとき

　(2)　本契約及び個別契約どおりの内容を認めることが信義則に反する場合

第10条（遅延損害金）

　甲が商品代金の支払いを怠ったときは、支払期日の翌日から完済まで年14.6％の割合による遅延損害金を乙に対して支払うものとする。

第11条（不可抗力による免責）

　乙及び甲は、天災地変、戦争、暴動、内乱、その他の不可抗力、輸送機関・通信回線の事故、取引先の債務不履行、その他各当事者の責に帰することができない事由による本契約に規定する義務の不履行については何ら責任を負わない。

第12条（反社会的勢力の排除）

　1　乙及び甲は、自己又は自己の代理人若しくは媒介をする者（以下本条において「相手方等」という。）が、現在、暴力団、暴力団員、暴力団員でなくなったときから5年を経過しない者、暴力団準構成員、暴力団関係企業、総会屋等、社会運動等標ぼうゴロ又は特殊知能暴力集団等、その他これらに準ずる者（以下、これらを「暴力団員等」と総称する。）、及び次の各号のいずれにも該当しないことを表明し、かつ将来にわたっても該当しないことを確約する。

　　(1)　暴力団員等が経営を支配していると認められる関係を有すること

　　(2)　暴力団員等が経営に実質的に関与していると認められる関係を有すること

　　(3)　自己、自社若しくは第三者の不正の利益を図る目的又は第三者に損害を加える目的をもってするなど、不正に暴力団員等を利用していると認められる関係を有すること

　　(4)　暴力団員等に対して資金等を提供し、又は便宜を供与するなどの関与をしていると認められる関係を有すること

　　(5)　役員又は経営に実質的に関与している者が暴力団員等と社会的に非難されるべき関係を有すること

　2　乙及び甲は、前項の確約に反して、相手方等が暴力団員等或いは前項各号の一にでも該当することが判明したときは、何らの通知・催告も要することなく、相手方が本契約及び個別契約に基づいて負担する債務につき期限の利益を喪失させる

ことができる。

3　乙及び甲が、本契約に関連して、第三者と下請又は委託契約
等（以下「関連契約」という。）を締結する場合において、
当該関連契約の当事者又は代理若しくは媒介をする者が暴力
団員等或いは第1項各号の一にでも該当することが判明した
場合には、他方当事者は、関連契約を締結した当事者に対し
て、関連契約を解除するなど必要な措置をとるよう求めるこ
とができる。

4　乙及び甲は、相手方が第1項に違反すると疑われるに足る合
理的な事情がある場合には、当該違反の有無につき、相手方
の調査を行うことができ、相手方はこれに協力するものとす
る。また、乙及び甲は、自らが第1項のいずれか一にでも違
反し、又はそのおそれがあることが判明した場合には、相手
方に対し直ちにその旨を報告するものとする。

第13条（再委託）

1　乙は、事前の甲による承諾（甲が指定した再委託同意書によ
るものとする。）を得た場合を除き、本契約及び個別契約に基
づく債務の履行の一部を第三者に委託することはできない。

2　乙は、再委託先に対して本契約及び個別契約と同等の義務を
負わせるものとし、再委託先の行為について連帯して責任を
負うものとする。

第14条（秘密保持）

1　本契約において、「秘密情報」とは、文書、口語その他方法
の如何を問わず、いずれかの当事者より他方当事者に対し本
件業務に関連して開示された全ての技術上及び営業上の資
料・図書、知識、データ、個人情報、ノウハウその他一切の
情報を意味するものとし、また、本契約の内容も秘密情報と
して取扱うものとする。但し、次のいずれかに該当するもの

については、秘密情報から除外されるものとする。

(1) 相手方から開示を受ける前に、既に自己が保有していたもの

(2) 相手方から開示を受ける前に、既に公知又は公用となっていたもの

(3) 相手方から開示を受けた後に、自己の責によらずに公知又は公用となったもの

(4) 正当な権限を有する第三者から秘密保持義務を負うことなく適法に入手したもの

(5) 相手方から開示を受けた情報によらず、自己が独自に開発したもの

2　甲及び乙は、秘密情報について厳に秘密を保持し、相手方当事者の文書による事前の承諾なくして第三者にこれを開示又は漏洩してはならず、また、秘密情報を自ら又は第三者の利益のために使用してはならないものとする。

第15条（損害賠償）

　乙は、本契約及び個別契約に関連して、本契約及び個別契約の違反、事故、その他の事由により甲に損害が生じたときは、その損害を賠償しなければならない。

第16条（中途解約）

　甲は、本契約の有効期間中に解約を希望する場合には、1ヶ月前までに、乙に書面等で通知することにより、本契約を途中で解約することができる。

第17条（解除）

1　乙及び甲は、相手方が本契約又は個別契約に違反したときは、相手方の帰責事由の有無にかかわらず、書面により当該違反状態を是正するよう催告するものとし、当該催告後相当

期間が経過してもなお是正されない場合には、本契約又は個別契約の全部又は一部を解除することができるものとする。

2　乙及び甲は、相手方が次の各号の一に該当する場合、相手方の帰責事由の有無にかかわらず、何らの催告なしに直ちに本契約又は個別契約の全部又は一部を解除することができるものとする。

(1)　営業の許可取消し又は停止等があったとき

(2)　支払停止若しくは支払不能、又は手形不渡りとなったとき

(3)　破産手続開始、民事再生手続開始、会社更生手続開始があったとき

(4)　差押、仮差押、仮処分、強制執行又は競売の申立があったとき

(5)　租税公課の滞納処分を受けたとき

(6)　金融機関から取引停止の処分を受けたとき

(7)　解散、会社分割、事業譲渡又は合併の決議をしたとき

(8)　本契約に定める条項につき重大な違反があったとき

(9)　その他、本契約を継続し難い重大な事由が生じたとき

3　前二項による解除は、乙又は甲の相手方に対する損害賠償請求権の行使を妨げるものではない。

4　甲又は乙が第2項各号の一に該当する場合、当該当事者は、何らの催告なしに、自己の債務について直ちに期限の利益を喪失するものとする。

第18条（権利義務の移転禁止）

乙及び甲は、相手方の事前の書面による承諾なく、本契約又は個別契約上の権利・義務又は地位を第三者に譲渡、若しくは担保に供し、又は引受けさせてはならない。

第19条（有効期間等）

1　本契約の有効期間は、本契約締結の日から1年間とする。た

だし、期間満了日の1か月前までに契約当事者のいずれかから別段の申出がないときは、自動的に同条件で1年間更新されるものとし、以降も同様とする。

2 本契約の終了時に有効な個別契約に基づく未履行の債務がある場合には、当該債務の履行が完了するまで、当該個別契約の遂行についてのみなお本契約が適用されるものとする。

第20条（準拠法及び裁判管轄）

1 本契約の準拠法は日本法とする。

2 本契約に関する紛争等について協議により解決することができない場合、●地方裁判所を第一審の専属的合意管轄裁判所とするものとする。

第21条（協議）

本契約の解釈その他の事項につき生じた疑義及び本契約に規定のない事項については、甲及び乙双方が誠意をもって協議の上、解決するものとする。

本契約の成立を証するため本契約書を2通作成し、甲乙各記名押印の上、各1通を保有する。

●年●月●日

	所在地	○○○○
甲	会社名	XXX株式会社
	代表者氏名	●●●●

	所在地	○○○○
乙	会社名	YYY株式会社
	代表者氏名	●●●●

3 売買基本契約の概要

　売買は、民法上、「当事者の一方がある財産権を相手方に移転することを約し、相手方がこれに対してその代金を支払うことを約することによって、その効力を生ずる」（555条）と定義されています。

　したがって、売買契約において、基本契約と個別契約にわけて整理する場合、目的物や対価の額等を個別契約で定めるのであれば、売買は個別契約によって成立することになり、基本契約自体は民法上の売買契約にはあたらないことになります。

　そこで、売買取引基本契約と個別契約にわけて整理するのであれば、基本契約と個別契約それぞれの関係を明確にする必要があります。

　基本契約は、個別契約の都度、詳細な契約条件を設定するよりも、一定の範囲の個別契約に共通して適用される条件を合意しておくことが、当事者双方にとって便宜であることから利用されるものです。したがって、基本契約が適用される個別契約の範囲を明確にしておく必要があります。

　また、基本契約と個別契約の内容に齟齬がある場合、基本契約と個別契約のどちらが優先的に適用されるのかという優先関係も明確にしておく必要があります。

4 実務上のチェックポイント

- [ ] 基本契約と個別契約の優先関係
- [ ] 納入・検査等に関する条項の有無
- [ ] 瑕疵担保責任から契約不適合責任への修正
- [ ] 危険負担の所在の明確化
- [ ] 損害賠償責任を負担する場合及び損害賠償の範囲に関する規定

第6章　売買基本契約書

5 各条項の留意点

(1) 個別契約の成立（第2条）

　個別契約の内容に関する条項です。

　売買契約の成立には、「当事者の一方がある財産権を相手方に移転することを約し、相手方がこれに対してその代金を支払うことを約する」ことが必要です。

　もっとも、具体的にどの事項について合意が必要かは明確ではありません。通常は、基本的な要素である目的物、数量、目的物引渡の時期・方法、代金支払の時期・方法等を特定します。実務上は、本条項のように、基本的要素を列挙した後に、「その他当該個別契約の遂行に必要な事項」という包括的な条項を追記して対応します。

(2) 納入等（第3条）

　売主の買主に対する目的物の納入等に関する条項です。

　目的物の納入は、売買契約における売主の債務です。債務の履行の時期や場所等については、民法上も規定がありますが、売買契約の重要な要素にあたるため、民法とは別に、契約書において別途規定することが多いといえます。なお、納入時期や納入場所については、詳細は基本契約に規定せず、個別契約で別途規定する旨を定めることもあります。

(3) 検収（第4条）

　買主の売主に対する目的物の検収に関する条項です。

　売買契約の買主は、目的物の納入の際に、商品が所定の仕様や品質雄準を満たすか、不具合や数量不足がないかどうかを検査することが通常です。

　買主は、検査に合格した目的物を検収したものとして扱うとともに、検収時点で所有権移転とすることもあります。

　検収方法等に関する条項は、売買契約において必須ではありませんが、買主の立場を安定させるためにも、追記する必要性が高いといえます。

(4) 所有権（第5条）

　本条は、売買の目的物の所有権が、いつ売主から買主に移転するかについて定める条項です。

　所有権とは、物を全面的に支配する権利であり、物の使用、収益、処分を自由になし得る権利です。

　所有権の移転時期は、判例上、特定物の場合は契約成立時[28]、不特定物の場合は目的物の特定時[29]とされていますが、当事者の合意によって変更が可能です。

　そこで、売主の立場からすれば、所有権の移転時期を遅らせる方が有利といえます。また、買主の立場からすれば、不特定物の特定時期がいつなのかは一義的に明らかではない場合が多いため、所有権の移転時期を明確に定めておく必要は高いといえます。

(5) 契約不適合責任（第6条）

　納入・検査・検収に関する規定に従うことを前提として、個別契約に基づき納品され検査を経た商品について、後日、品質・性能が基準を満たさない場合や、損傷等があった場合、買主として、売主に対してどのような対応を求めることができるかということを規定した条項です。

　民法改正においては、従来の「瑕疵担保責任」という概念自体を削除し、債務の履行が「契約の内容に適合するか」を問題として、特定物か否かにかかわらず、買主による①履行の追完請求権を認めました（562条）。また、引き渡された目的物が契約の内容に適合しない場合、買主の救済手段として、②代金減額請求権が明文で認められることとなりま

---

[28] 最判昭和33年6月20日民集12巻10号1585頁
[29] 最判昭和35年6月24日民集14巻8号1528頁

した（563条）。さらに、民法改正においては、売買契約における目的物が契約の内容に適合しない場合の責任（以下「契約不適合責任」）を債務不履行責任の1つと整理し、①追完請求や②代金減額請求とは別に、債務不履行の一般原則どおり、③損害賠償請求や解除が認められることとしています（564条）。このように、民法改正における「契約不適合責任」は、改正前民法（以下、「旧法」）における「瑕疵担保責任」の法的性質に関する契約責任説に立脚したものということができます。

なお、旧法における瑕疵担保責任は、原則として買主が事実を知った時から1年以内に権利行使をしなければならないこととされていますが（旧法564条）、現行法においては、目的物の契約不適合を知った時から1年以内にその旨を売主に通知すれば足りることとされており（566条）、買主に有利な内容へ変更されています（「権利行使」までは不要）。

以上を整理すると、旧法における瑕疵担保責任と、現行法における契約不適合責任に関する権利関係の主な相違点は、概要図表4-1のとおり

図表 6-1　瑕疵担保責任と契約不適合責任の主な相違点

	瑕疵担保責任※	契約不適合責任
対象	特定物に限る	特定物・不特定物か問わない
要件	売買の目的物に瑕疵があること	売買の目的物が契約の内容に適合しないこと
解除	○	○
損害賠償	○ （信頼利益）	○ （履行利益）
追完請求	×	○
代金減額	×	○
権利の期間制限	瑕疵を知った時から1年以内に行使必要	不適合を知った時から1年以内に通知すれば足りる

※：瑕疵担保責任における法定責任説を前提とする

138

です。

(6) 危険負担（第7条）

危険負担とは、当事者の責めによらない事由により売買の目的物が滅失ないし損傷してしまった場合、買主が代金支払義務を負うか、支払義務を負うとして目的物の滅失、損傷が取引のどの段階で生じた場合に負うのか、という問題です。

ア．旧法上のポイント

旧法においては、当事者が物の個性に着目した特定物売買に関する物権の設定又は移転を双務契約の目的とする場合に、その物が債務者の責めに帰することができない事由によって滅失又は損傷したときの危険は債権者が負担することとされています（旧法534条1項。債権者主義）。債権者主義による場合、たとえばXがYに対して特定物である中古自動車を販売し、引渡し前に当該自動車がX・Yに帰責性のない近隣の工場の延焼によって焼失し、Yに対して引き渡すことができなくなったとしても、債権者である買主Yがその危険を負担することとなり、Yは焼失した中古自動車の代金全額をXに支払わなければならないこととなります。これに対して、目的物が物の個性に着目しない不特定物（たとえば、前記の例でいえば個性に着目しない新車の売買）であれば、目的物が特定されるまでは危険負担の問題が生じない（旧法534条2項）ため、債務者である売主Xは、たとえ自動車が消失しても、同じ種類の別の新車をYに対して引き渡さなければならないこととなります（旧法536条1項。債務者主義）。

イ．民法改正による影響

前記のとおり、旧法においては、目的物が特定物か不特定物かによって危険負担の処理が大きく異なることとなります。

この点、改正によって、旧法534条を削除し、特定物か不特定物かにかかわらず、売買契約締結後、引渡し前に目的物の滅失等が生じた場合[30]、債権者は反対給付の履行を拒むことができることとされました。

なお、危険負担の債務者主義を定める旧法536条1項によれば、当事

第2部　各論

第6章　売買基本契約書

139

者双方の責めに帰することができない事由によって債務を履行することができなくなったときは、債権者の反対給付債務は自動的に消滅することとされていますが、民法改正により、当事者双方の責めに帰することができない事由によって履行不能となったことが債権者の解除事由として整理された（542条1項1号）ことと理論的に矛盾してしまうこととなります。そこで、536条1項を改め、「当事者双方の責めに帰することができない事由によって債務を履行することができなくなったときは、債権者は、反対給付の履行を拒むことができる。」こととし、債権者の債務者に対する反対給付債務は自動的に消滅するものではないことを明確化しました。したがって、民法においては、債権者が債務者に対する反対給付債務を確定的に消滅させたいのであれば、債務不履行による契約の解除を行う必要があることとなります。

　危険負担に関する旧法及び現行法の相違点を整理すると、概要以下の

図表6-2　危険負担に関する旧法及び現行法における主な相違点

目的物の種類	帰責事由	旧法	現行法
特定物	債務者の帰責事由なし	債務者の反対給付請求権あり（債権者主義）（旧法534条1項）	債権者は反対給付の履行を拒絶可（債務者主義）（旧法534条1項の削除、現536条1項）
不特定物	当事者双方の帰責事由なし	債務者の反対給付請求権なし（債務者主義）（旧法536条1項）	債権者は反対給付の履行を拒絶可（債務者主義）（旧民法534条1項の削除、現536条1項）
	債権者の帰責事由あり	債務者の反対給付請求権あり（旧法536条2項）	債権者は反対給付の履行を拒絶不可（現536条2項）

---

[30] 特定物売買契約において、売主が買主に当該目的物を引き渡した場合、引き渡し以降に当該目的物が当事者双方の責めに帰することができない事由によって滅失等したときは、買主が危険を負担し、買主は履行の追完請求等はできず、代金支払いを拒むことはできないこととされています（567条1項）。

とおりです。

ウ．契約実務上のポイント

　現行法においては、特定物か否かにかかわらず、当事者双方に帰責事由なく履行不能となった場合、とくに契約に定めがなければ、デフォルトルールとして債務者主義が適用されることとなります。したがって、危険負担について契約で特段定めなかったとしても、債権者に有利に判断されることとなります。

　もっとも、危険負担の所在が買主、売主のいずれにあたるのかを明確にするために、契約書上、明記したほうがよいでしょう。

(7) 保証等（第8条）

　売買の目的物が、どのような仕様・品質を備えたものであるかを保証する旨の条項です。

　買主としては、目的物に求める仕様・品質基準を明確に規定しておく必要があります。一方、売主としても、目的物に求められる仕様・品質基準が無限定に拡がることがないようにするために、一定の仕様・品質基準を明確にしておくことが望ましいといえます。

(8) 支払（第9条）

　売買代金の支払額や支払時期等を定める旨の条項です。

　代金額やその算定方法は、契約において特定すべき事項です。もっとも、取引基本契約では包括的に規定するにとどめ、具体的には個別契約において別途定める、という方法もあります。

　また、売買契約の目的物の種類によっては、包装費用や運賃等については、売買代金に含まれずに別途規定することもありますので、明確にしておくことが望ましいといえます。

(9) 遅延損害金（第10条）

　買主は、支払期限の経過後は、利息を支払う義務を負います（575条2項）。

民法改正前は、遅延損害金の法定利率は年5%（旧法404条）又は年6%（旧商法514条）とされていましたが、民法改正によって、法定利率は変動制が採用された上（404条）、商事法定利率も廃止されています。

売主としては、法定利率以上の遅延損害金の利率を設定し、代金支払の遅延防止を検討することがあります。契約実務上、遅延損害金の利率は、年14.6%（国税通則法60条2項）を用いることが少なくありません。

(10) 不可抗力による免責（第11条）

不可抗力とは、外部からくる事実であって、取引上要求できる注意や予防方法を講じても防止できないものをいう、と解されています。具体的には、洪水、台風、地震、津波、地滑り、火災、伝染病、海難、戦争、大規模騒乱等を意味するものと解されています。

不可抗力の意義について、これまで判例・学説において十分な議論がなされてきたとはいえませんが、契約で不可抗力条項を規定し、危険負担における債権者主義か債務者主義かといった二者択一の解決ではなく、双方のリスクに応じた折衷的・柔軟な解決を図ることが望ましい場合も考えられます。

なお、金銭債務については不可抗力をもって抗弁とすることができない（419条3項）とされています。

改正においても不可抗力の定義は規定されておらず、不可抗力条項そのものについて改正による直接の影響はありません。

(11) 反社会的勢力の排除（第12条）

本来は暴力団排除条項とも呼ばれます。

暴力団排除条項とは、暴力団等の反社会的勢力を取引から排除するための条項をいいます。契約実務上、暴力団排除条項は契約類型を問わずテンプレートとして規定されている場合が通常ですが、当該条項の法的な位置づけについては意外に知られていません。2007年6月19日、法務省より、「企業が反社会的勢力による被害を防止するための指針につ

いて」（政府指針）が公表され、同指針において、企業に求められる平素からの対応として、「反社会的勢力が取引先や株主となって、不当要求を行う場合の被害を防止するため、契約書や取引約款に暴力団排除条項を導入する」こととされています。そして、政府指針において、「暴力団排除条項」とは、「①暴力団を始めとする反社会的勢力が、当該取引の相手方となることを拒絶する旨や、②当該取引が開始された後に、相手方が暴力団を始めとする反社会的勢力であると判明した場合や相手方が不当要求を行った場合に、契約を解除してその相手方を取引から排除できる」旨の条項をいうものとされています。かかる政府指針を受け、すべての都道府県で、契約に暴力団排除条項を定める努力義務等を規定した暴力団排除条例が施行され、各種団体等や警察等から暴力団排除条項のモデル案が公表されるに至っています。

　暴力団排除条項について、民法改正による直接の影響はありません。もっとも、暴力団排除条項を契約に規定していない場合、契約締結後に相手方が反社会的勢力であることが判明したとしても、そのことのみを理由に契約の錯誤取消[31]を主張することは認められないおそれがあることに注意が必要です[32]。したがって、現行法の下においても、暴力団排除条項を任意解除条項として規定しておくことが有益です。

　前記のとおり、暴力団排除条項を契約で規定することは必須ではありませんが、政府指針や暴力団排除条例の施行を踏まえ、契約実務上は当該条項を規定することが通常となっています。なお、暴力団排除条項を規定する場合、政府指針のとおり、当該条項に違反した場合は直ちに契約関係を解消できるよう無催告解除事由とすべきでしょう。また、解除した側からの損害賠償請求を規定するとともに、事由のいかんを問わず、解除された側（＝反社会的勢力に該当するおそれのある者）からの損害賠償請求を認めないものとして規定することが望ましいといえます。

---

[31] 民法改正により、動機の錯誤が明文で規定されるとともに（95条2項）、錯誤に基づく法律行為は無効（旧民法95条本文）ではなく、取消しの対象となることとされています（95条1項）。
[32] 福岡地裁平成26年1月16日ジュリ1479号117頁参照

(12) 秘密保持（第14条）

　秘密保持条項とは、契約の遂行等にあたり、当事者間で秘密として管理している情報の授受を伴う場合に、当該秘密情報の漏洩等を防止すべく、情報受領者に種々の義務を課す条項をいいます。秘密保持条項は、当事者相互に情報の授受を伴う合弁契約や共同研究開発契約等において規定されることが一般的ですが、大規模なM&Aを行う場合、別途秘密保持契約を取り交わすことも少なくありません。また、不正競争防止法上の営業秘密として保護されるためには、有用性、非公然性だけでなく、秘密管理性が要件とされている（不正競争防止法2条6項）ことから、ノウハウ等の営業秘密を提供する場合、契約に秘密保持条項を規定する必要があります。

　秘密保持条項を規定する場合、①秘密情報の範囲、②秘密保持義務の例外、③秘密保持義務の期間について明確に規定する必要があります。一般論として、情報開示者にとっては、秘密情報の範囲は広く、利用目的の範囲や情報受領者が秘密情報を例外的に開示できる第三者の範囲は狭く、かつ、秘密保持の有効期間は長くするのが有利な契約ということができます。これに対して、情報受領者にとってはその反対であり、秘密情報の範囲は狭く、利用目的の範囲や情報受領者が機密情報を例外的に開示できる第三者の範囲は広く、かつ、秘密保持の有効期間は短くするのが有利な契約といえます。

図表6-3　秘密保持

	情報開示者	情報受領者
秘密情報の範囲	広い方が有利	狭い方が有利
秘密保持義務の例外	例外的に第三者への開示や目的外使用を認めるケースは限定的	第三者への開示や目的外使用を緩やかに認める
秘密保持義務の期間	できる限り長く	できる限り短く

(13) 損害賠償（第15条）

ア．損害賠償の要件

（ア）債務不履行による損害賠償とその免責事由（415条1項）

　民法415条1項では、①履行不能以外の債務不履行についても債務者の責めに帰することができない事由によるものである場合の免責が認められること、②債務者の側で当該債務不履行が債務者の責めに帰することができない事由によるものであることの主張立証責任が課せられていることが明確化されています。

（イ）帰責事由の有無の判断基準の明確化（415条1項）

　民法415条1項では、債務者の帰責事由について、「契約その他の債務の発生原因及び取引上の社会通念に照らして」判断するとして、判断基準を明記しています。もっとも、これはあくまで任意規定であり、たとえば契約において、特定の瑕疵について無過失責任を負う旨の規定が設けられ、現に当該瑕疵があった場合に、契約以外の判断基準である取引上の社会通念に照らして帰責事由の有無や損害賠償責任が否定されることは想定されていません[33]。

（ウ）填補賠償の要件の明確化（415条2項）

　民法改正において、填補賠償ができる場合について明文化されることとなりました。

イ．損害賠償の範囲

（ア）特別損害の意義（416条2項）

　債務不履行に関する損害賠償の範囲について、民法は通常損害と特別損害に分けて規定しているところ、民法改正においても通常損害の範囲については変更されていません（416条1項参照）。

　これに対して、特別損害について、旧法416条2項は、「当事者がその事情を予見し、又は予見することができたとき」に損害賠償請求をする

---

[33] 法制審議会民法（債権関係）部会第90回会議部会資料79-3「民法（債権関係）の改正に関する要綱仮案の原案（その1）補充説明」10頁参照。

ことができると規定している一方、現行416条2項は、「予見すべきで
あったとき」へと変更しています。これは、当事者が現実に特別の事情
を予見していたか否かを問題にするのではなく、予見すべきであったと
いう規範的な評価を問題にすることを明確にする趣旨です[34]。これによ
り、たとえば、契約の締結後に債権者が債務者に対してある特別の事情
が存在することを告げさえすればその特別の事情によって生じた損害が
すべて賠償の範囲に含まれるというのではなく、債務者が予見すべきで
あったと規範的に評価される特別の事情によって通常生ずべき損害のみ
が賠償の範囲に含まれるとの解釈をすることが可能となります。

　なお、特別の事情を予見する主体については、従来と同様、「当事者」
と表現され、特別の事情を予見する主体及び基準時については引き続き
解釈に委ねられています[35]。

（イ）過失相殺（418条）

　民法418条は、債務不履行に関する過失だけでなく、損害の発生又は
拡大に関して過失があった場合にも、過失相殺がなされることを明確に
しました。

ウ．契約実務上のポイント

　債務不履行による損害賠償について、民法はあくまで任意規定であ
り、取引上の社会通念等に照らして、当事者間の特約の内容を変容させ
ることまでは意図されていません。

　したがって、契約書において、契約当事者が損害賠償義務を負担する
場合を明確にしたり、損害賠償額の範囲を明確にしたりすることが求め
られます。

（14）解除（第17条）

　契約の解除とは、有効に成立した契約の効力を解消させ、当該契約が

---

[34] 法制審議会民法（債権関係）部会第90回会議部会資料79-3「民法（債権関係）の改正に関する要
　綱仮案の原案（その1）補充説明」12頁。

[35] 判例（大判大正7年8月27日民録24輯1658頁）は、予見の主体は債務者であり、その基準時は債
　務不履行時である旨判示していますが、両当事者を予見の主体と捉えるべきとの批判が寄せられ
　ています。

始製造業者ら存在しなかったと同様の法律効果を生じさせる行為をいいます。

民法改正においては、解除の要件から、「債務者の責めに帰すべき事由」（帰責事由（旧法543条但書））が削除されました。

また債務不履行が債権者の責めに帰すべき事由による場合、このような場合にまで解除を認めることは相当でないことから、債権者による解除はできないこととされています（543条）。

さらに、債務不履行の程度や態様が軽微なものであるときは、催告解除をすることができないとの判例法理を明文化しました（541条但書）。

すなわち、現行法においては、解除の要件として重要なのは債務不履行の程度であって、債務者の帰責事由は要件とならないこととなります。

加えて、旧法において裁判例や解釈によって認められていた無催告解除が明文化される（542条）とともに、無催告解除ができる範囲が拡大しています（同条1項5号）。

このように改正によって、法定解除の要件及び範囲について大きな修正が加えられ、債務者の帰責事由が不要となる一方、債務不履行の程度が軽微な場合は催告解除ができなくなったことから、債務者の不履行の程度が「軽微」な場合であっても解除できるよう、あらかじめ任意解除条項を充実させておくことが望ましいといえます。また、債権者に帰責性が認められる場合は、債権者による解除が制限される（543条）ことから、当事者の帰責性の有無を問わず解除できる旨定めることが望ましいといえます。

（15）権利義務の移転禁止（第18条）

譲渡禁止条項とは、契約上の権利ないし義務を第三者に譲渡することを禁止する条項をいいます。

民法改正においては、譲渡禁止特約が債権譲渡による資金調達の支障となっていることから、債権の自由譲渡性を維持しつつ（466条1項）、譲渡禁止特約を「譲渡制限の意思表示」と定義し、かかる譲渡制限の意

思表示をした場合であっても、当該債権の譲渡は有効とされています（同条2項）。ただし、譲渡制限の意思表示について、悪意又は重過失がある譲受人その他の第三者に対しては、債務者はその債務の履行を拒むことができ、かつ、譲渡人に対する弁済その他の当該債務を消滅させる事由をもって第三者に対抗することができます（同条3項）。

　もっとも、債務者が債務を履行しない場合、譲渡制限の意思表示について悪意又は重過失ある第三者が相当の期間を定めて譲渡人への履行の催告をしたにもかかわらず、当該期間内に債務者の履行がないときは、債務者は、当該第三者に対して、債務の履行を拒むことも、譲渡人に対する債務消滅事由も対抗できないこととされています（同条4項）。これは、譲渡制限の意思表示がされた債権が譲渡された場合、当該債権譲渡は有効であるため、譲渡人は債務者から債権を取り立てることができず、一方、譲渡制限の意思表示について悪意又は重過失がある第三者が履行拒絶等（同条3項）を受けると、債務者を履行遅滞にすることができなくなるため、当該第三者に履行催告権を与えたものです。

　企業間取引においては、自社が望まない第三者への債権の移転（及び契約上の地位の移転[36]）を防止すべく、本条項を追加することが考えられます。

（16）準拠法及び裁判管轄（第20条）

ア．準拠法条項

　準拠法条項とは、契約の法的解釈をする場合に、どの国の法律を基準とするかについて取り決める条項です。日本国内に所在する当事者間での契約では準拠法を日本以外の国に設定することは想定しがたく、実務上、まず問題となることはありません。

　これに対して、国際間における契約交渉において、準拠法をどの国の

---

[36] 契約上の地位の移転について、従前、譲渡人と譲受人の合意及び契約相手方の承諾があれば実務上問題なく認められてきましたが、改正において、明文で認められることとなりました（539条の2）。もっとも、契約実務に及ぼす影響は限定的と考えられることから、本書ではあえて独立の項目を設けて検討することとはしていません。

法律とするかは主張が対立しやすい条項の1つであり、当事者双方が自分の国の法を準拠法とすることを主張するケースが多く見られます。どうしても当事者いずれかの国の法を準拠法とするとの合意ができない場合、妥協案として第三国の法律を準拠法として選択することも考えられます。当事者間において、どの国の法律を適用するかについて特段合意していない場合、国際私法又は抵触法と呼ばれる原則によって、どの法律を適用するかが決まり、日本では、「法の適用に関する通則法」（「通則法」）により判断されることとなります。

　同法では、7条から12条で法律行為についてのルールが定められており、当事者が準拠法を選択している場合、原則として、法律行為の成立及び効力は、当事者の選択した国の法によることとなります（通則法7条）。当事者が準拠法を選択していない場合、原則として、法律行為の成立及び効力は、当該法律行為の当時、当該法律行為に最も密接な関係がある国の法律によることとされています（通則法8条1項）。

イ．管轄条項

　管轄条項とは、契約に関して紛争が生じた場合に、いずれの裁判所に訴訟を提起することができるかを定めた条項をいいます。当事者間で管轄について契約で定めなかった場合、民事訴訟法の規定に従い、被告の普通裁判席の所在地又は民事訴訟法に定める地を管轄する裁判所に訴訟を提起することとなります（民事訴訟法4条以下）。なお、当事者は、第一審に限り、合意により管轄裁判所を定めることができる（合意管轄、民事訴訟法11条1項）ため、法定の管轄裁判所では遠方になり不利益を被る当事者は、契約により自らが希望する地の裁判所を管轄裁判所として定めることが可能です。なお、合意管轄には、法定の管轄を排して特定の裁判所に専属的に管轄権を生じさせる専属的合意と、法定の管轄に加えて特定の裁判所にも管轄権を生じさせる付加的合意（選択的合意）とがあります。単に「○○地方裁判所を第一審の合意管轄とする」とだけ規定すると、専属的合意なのか、付加的合意なのか不明瞭になるため、前者の意味で合意管轄を定めるのであれば、「○○地方裁判所を第一審の専属的合意管轄とする」と明記することが望ましいといえま

す。

(17) 協議 (第21条)

　誠実協議条項とは、契約当事者双方の信頼関係に基づき、契約書に定めのない問題等が発生した場合には当事者間の協議でその解決をはかるとする条項です。誠実協議条項は、いわゆる精神条項であり、当事者に何らかの具体的な義務を課すものではなく、一種の気休めにすぎないともいえます。したがって、誠実協議条項だけが規定され、他に紛争解決に関する条項が規定されない場合、民事訴訟法等の紛争解決について定めた法律の規定に従うことになります。

第 **7** 章

秘密保持契約書

1 想定事例

　本章では、XXX株式会社（甲）及びYYY株式会社（乙）が、甲によるZZZ株式会社の買収に関して、相互に秘密情報を提供し、相互に守秘義務を負うケースを想定しています。

2 参考書式

秘密保持契約書

XXX株式会社（以下「甲」という。）及びYYY株式会社（以下「乙」という。）は、本案件（第1条に定める。）に関して相互に情報を開示するにあたり、次のとおり秘密保持契約（以下「本契約」という。）を締結する。

第1条（定義）

　本契約でいう「秘密情報」とは、本契約締結の事実、及び甲が検討しているZZZ株式会社の買収（以下「本案件」という。）に関して、甲及び乙が直接又は第三者を通じて間接的に相互に口頭、文書、磁気ディスクその他何らかの媒体により開示する情報をいう。ただし、以下の各号の一に該当する情報は秘密情報に含まれない。

　(1) 本契約締結前に、既に公知となっている情報
　(2) 本契約締結後、甲又は乙の責めによらずに公知となった情報
　(3) 相手方より取得する前に、既に自ら保有していた情報
　(4) 正当な権限を有する第三者から守秘義務を負うことなく入手した情報
　(5) 相手方から開示された後に、本案件に関係なく自ら調査、分

析等を行うことにより得られた情報

第2条（情報の開示・目的外利用の禁止）

1　甲及び乙は、本案件に係る取引の実行の可否及び内容等を相手方が検討するのに必要と判断する範囲で、秘密情報を本契約締結後速やかに相手方へ開示するものとする。

2　甲及び乙は、秘密情報を、本案件に係る取引の実行の可否及び内容等を検討する目的のみに使用するものとする。

第3条（守秘義務）

甲及び乙は、秘密情報を第三者に開示又は漏洩しないことに合意する。ただし、以下の各号の一に該当する場合はこの限りではない。

（1）相手方から事前に承諾を得て第三者に開示する場合

（2）本案件に関わる自らの役員及び従業員に対して開示する場合

（3）本案件の遂行に必要な限度で、法令上守秘義務を負う弁護士その他の専門家に対して開示する場合

（4）甲又は乙の監査法人へ開示する必要がある場合

第4条（秘密情報の管理）

1　甲及び乙は、秘密情報の漏洩を防止するため、秘密情報の書面化及び電磁的記録媒体その他の媒体への情報の入力並びにその複写及び複製の作成については、本案件を検討するために必要な範囲で行うものとする。

2　甲及び乙は、秘密情報が記載された書面及び秘密情報が含まれている電磁的記録媒体その他の媒体（総称して、以下「秘密情報記録媒体等」という。）について、秘密情報の第三者への漏洩又は目的外使用が生じないように管理するものとする。

第5条（秘密情報の消去等）

　甲及び乙は、本契約が理由の如何を問わず終了した後、相手方から請求を受けたときは、当該請求に従い、秘密情報記録媒体等につき、秘密情報を消去し、又は、廃棄若しくは相手方に返却しなければならない。ただし、当該請求の時点で、既に消去又は廃棄済みである場合には、返却する必要はないものとする。

第6条（反社会的勢力の排除）

　1　甲及び乙は、それぞれ、本契約締結日において、自らが反社会的勢力に該当せず、また、反社会的勢力に該当する者と業務提携関係その他の継続的な取引関係を有しないことを表明及び保証し、本契約締結日以後、上記状態を維持することを誓約する。

　2　甲及び乙は、それぞれ相手方に対して、法的な責任を超えた要求及び暴力的な要求その他の不当な要求行為を行わず、又は、これに類する行為を行わないことを誓約する。

第7条（損害賠償）

　甲及び乙は、本契約に関してその責めに帰すべき事由により相手方に損害を与えた場合には、相手方に対しその損害を賠償する責に任ずる。

第8条（有効期間）

　本契約の有効期間は、●年●月●日から●年●月●日とする。

第9条（準拠法及び裁判管轄）

　1　本契約の準拠法は日本法とする。

　2　本契約に関する紛争等について協議により解決することができない場合、●地方裁判所を第一審の専属的合意管轄裁判所とするものとする。

第10条（協議）

　本契約の解釈その他の事項につき生じた疑義及び本契約に規定の
ない事項については、甲及び乙双方が誠意をもって協議の上、解決
するものとする。

　本契約の成立を証するため本契約書を2通作成し、甲乙各記名押
印の上、各1通を保有する。

●年●月●日

	所在地	○○○○
甲	会社名	XXX株式会社
	代表者氏名	●●●●

	所在地	○○○○
乙	会社名	YYY株式会社
	代表者氏名	●●●●

第7章　秘密保持契約書

3 秘密保持契約の概要

　企業間の取引においては、契約交渉過程において相手方に開示した機
密情報等を第三者に漏洩されるリスクをコントロールすべく、秘密保持
契約を締結することが一般的です。秘密保持契約とは、取引の交渉過程
において当事者が秘密情報の開示を必要とする場合に、開示した秘密情
報を第三者に漏洩したり、当該交渉以外の目的で使用されたりすること
を防ぐために締結する契約のことをいいます。「秘密保持契約」という
名称以外に、「守秘義務契約」や、CA（Confidential Agreement）、
NDA（Non-Disclosure Agreement）と呼ばれることもありますが、い
ずれも契約の目的・効力に違いはありません。

秘密保持契約書において、いかなる範囲の情報を「秘密情報」として保護の対象とし、守秘義務違反があった場合にどのような責任を負うか明確にしておくことで、自社の機密情報を侵害された場合に、契約上の保護を及ぼすことが可能となります。また、契約上の保護を及ぼすだけでなく、自社の機密情報が法律上の保護対象となることも明確にすることが可能となります。たとえば、不正競争防止法上、「営業秘密」の開示は差止請求や損害賠償請求の対象となります（不正競争防止法2条1項7号）が、秘密保持契約を締結せずに開示された情報は、「営業秘密」に該当しないと判断されるおそれがあります。

　また、特許法上、「特許出願前に日本国内又は外国において公然と知られた発明」は特許の対象とはならない（特許法29条1項1号）こととされており、情報を提供した相手方当事者との間に守秘義務が課せられていない場合には、上記「公然と知られた発明」となると一般に考えられています。そのため、秘密保持契約を締結せずに、自社の発明を相手方企業に開示した場合には、その発明について特許を取得できなくなる可能性があります。

　このように、秘密保持契約を締結することにより、自社の機密情報に対して、契約上及び法律上の保護を及ぼすことが可能となります。

4 実務上のチェックポイント

- □ 守秘義務を負う主体は、①両当事者、②自社、③相手方いずれか
- □ 守秘義務の対象となる「秘密情報」の定義は明確か
- □ 例外的に「秘密情報」に含めない情報は何か
- □ 秘密保持の対象となる案件を特定できているか
- □ 裁判所に開示する場合など、守秘義務の例外を規定する必要が

あるか
□　守秘義務の期間は適正か（通常は6ヶ月〜1年間）

5 各条項の留意点

(1)「秘密情報」の定義（第1条）

　秘密保持契約において、いかなる情報を「秘密情報」として定義するかが最も重要な問題であり、当該契約のコアとなるものといえます。一般的には、守秘義務を負う情報受領者が、情報開示者から受け取る情報のうち、当該義務を負うべき「秘密情報」の内容を定義します。これにより、情報受領者が契約に基づき守秘義務を負うべき対象が明確化されることになります。

　秘密情報の定義の仕方には様々な方法がありますが、雛形のように両当事者公平な規定の仕方としては、まず「秘密情報」の範囲を幅広く一般的に規定した後、秘密保持の対象とするのになじまない一定の情報について当該「秘密情報」から除外する方法が挙げられます。

(2) 秘密情報の利用目的（第2条）

　秘密情報は、情報開示者にとって事業や取引の根幹に関わる機密情報であることも多く、情報受領者に守秘義務を課す必要のある情報であることから、秘密保持契約においてその利用目的を定め、当該目的以外での利用を禁じることが一般的です。この利用目的は、契約当事者がどこまで秘密情報を利用してよいか、その範囲を画することにもなりますので、明確に定める必要があります。

(3) 守秘義務（第3条）

　秘密情報の漏洩を禁止する項目であり、秘密保持契約の核心部分とい

えます。もっとも、第三者に対する開示を一切禁止してしまうと、たとえば会社が守秘義務を負う場合、会社とその役員等では法人格が異なるため、当該会社がその役員や従業員に対して秘密情報を共有することも禁止されることになりかねず、実務上不都合が生じるおそれがありえます。そのため、両者で公平な内容の秘密保持契約を締結する場合、雛形のように、秘密情報を開示しても構わない事由や場面を列挙し、当該事由等に該当する場合には守秘義務の例外とすることが一般的です。

(4) 秘密情報の管理（第4条）

秘密情報の漏洩を防止する観点から、受領した秘密情報についていかなる場合にコピーすることを認めるか、情報管理者を設置するか等、秘密情報の管理方法を定めます。管理方法について明確に規定しておかないと、情報受領者は自由にコピー等を作成することが可能となり、第三者への情報漏洩が生じるリスクや、目的外利用が生じるおそれがあるため、実務上、重要な条項といえます。

(5) 秘密情報の返還・廃棄（第5条）

情報開示者から提供された秘密情報について、情報開示者から請求を受けたときや、秘密保持契約の終了時等にその返還や廃棄を求められる場合が考えられます。もっとも、実務上、いったん受領した秘密情報が記載された社内資料等（たとえば決済書や稟議書等）を社内からすべて消去することは現実的に困難です。また、事後的に監督当局等からの検査要請に対応すべく、一定の情報については情報受領者の下で保管しておくべき場合も考えられます。

(6) 損害賠償（第7条）

損害賠償条項に関する留意事項については、**第6章5（13）**をご参照ください。

(7) 有効期間（第8条）

　情報開示者の立場からすれば、情報受領者が守秘義務に拘束される期間をできるかぎり長くした方が有利といえますが、もともと秘密保持契約は、本体である案件（たとえば情報受領者との経営統合に向けた協議や特許を活用したジョイントベンチャーの立ち上げ等）を円滑に遂行するための前提としての契約であることから、当該案件の内容に応じて妥当な有効期間を設定すれば足り、当該案件と無関係に不相当に長期に設定する必要はありません。また、情報受領者の立場からすれば、無用に秘密保持契約に拘束されることのないよう、当該案件の検討に必要十分な期間を設定する必要があります。情報管理の観点からも、秘密保持契約を自動更新とすることは極力回避すべきといえます。有効期間の長さは案件に応じてケースバイケースですが、実務上、おおよそ6ヶ月〜1年間程度であることが一般的です。

英文契約の第一歩

　企業活動の国際化に伴い、海外企業との取引を行うケースも珍しくなくなってきています。

　海外企業との取引を行う際には、英文契約書を目にすることになりますが、英文契約書をレビューする場合には、まず以下の点を理解しておきましょう。

1　海外企業との取引では契約書は英文で作成される傾向にある

　英語が事実上の世界共通言語化している状況にあるため、英語を母国語としない当事者同士でも、国際契約は英文で作成・締結されることが多い傾向にあります。

2　英文契約書は日本語の契約書より詳細

　国際契約において利用される英文契約書は、日本国内における契約書よりも、詳細に規定される傾向にあるという特徴があります。

　英文契約書が詳細に規定される理由は、国際契約では契約の法理・体系が異なる国の当事者間の取引となるため、当事者の認識の相違をできる限り解消する必要がある上、一旦紛争が生じた場合の解決が困難であるため将来の紛争発生の可能性を未然に防止する必要が高いためです。

3　英文契約書のタイトルの意味

　日本における契約書と共通しますが、英文契約書もタイトルが必ずしもその本文の内容や効力を表すとは限りません。契約書に当事者間で合意した内容をまとめる際、合意内容が多岐にわたる場合には、必ずしも一義的に契約内容を整理することができない場合もあります。

　英文契約書では、取り決める内容が多岐にわたる場合には、単に「契約書」（Contract）とタイトルをつけることがあります。

4　契約締結権者の確認

　日本における契約書と共通しますが、英文契約書を締結する際にも、他方当事者が契約締結権限を有するものであるかどうかを確認する必要があります。

5　国際契約締結時の確認事項

　その他、英文契約書を取り交わす国際契約を締結する際には、以下の事項を確認するようにしましょう。

①　あいまいな条項を残していないか
②　準拠法はどの国の法律か
③　紛争解決手段はなにか（裁判／仲裁／その他の ADR）
④　決済方法
⑤　契約締結手続の遵守（取締役会決議の要否等）
⑥　契約締結権限の有無
⑦　外国政府の許認可の要否・有無

第7章
秘密保持契約書

第 **8** 章

株式譲渡基本合意書

1 想定事例

本章では、甲であるXXX株式会社（甲）が、乙であるYYY（乙）が代表取締役を務製造業者つ、100％株主である対象会社（ZZZ株式会社）の発行済普通株式100％を買い受けるケースを想定しています。

2 参考書式

株式譲渡基本合意書

甲　XXX株式会社（以下「甲」という。）及び乙YYY（以下「乙」という。）は、乙が有する対象企業ZZZ株式会社（以下「対象会社」という。）の発行済株式の全部を乙より買い取る件について、以下のとおり基本合意書を締結する（以下「本合意書」という。）。

第1条（基本合意の内容）

　乙は、対象会社の発行済株式の100％の株式を有するところ、今般、甲及び乙は、乙が甲に対し、乙の保有する対象会社の全株式を譲渡することについて基本的に合意する。

第2条（株式譲渡及び譲渡価格）

　1　乙は、本合意書に定めるところに従い、●年●月●日を目処として当事者間で別途合意される日（以下「実行日」という。）において、対象会社の発行済株式のすべてである普通株式●株（以下「本件株式」という。）を、次項の定めに従い決定された価格で甲に対して譲り渡すこと（以下「本件株式譲渡」という。）に基本的に合意する。

2　本件株式の譲渡の対価は、1株あたり●円を目途とし、第5
　条に定める本件調査の結果を踏まえた調整を行った後、株式
　譲渡契約（以下「最終契約」という。）において定めるもの
　とする。

第3条（表明保証）

　乙は、本合意書締結日において、以下の各号に規定する事項につ
いて表明し、保証する。

(1) 対象会社が日本国法において適法に設立され、かつ存続する
　　株式会社であること

(2) 対象会社の発行済普通株式数が●株であり、対象会社の株主
　　が乙のみであること

(3) 対象会社の株式について、いかなる第三者もストックオプ
　　ション、新株予約権、その他の方法で、対象会社の株式を取
　　得する権利を有しないこと

(4) 甲に提出した対象会社の財務諸表の内容が真実かつ適正であ
　　ることを保証するとともに、対象会社の貸借対照表に計上さ
　　れていない保証債務等、簿外の債務は存在しないこと

(5) 対象会社の財務又は資産の状況、経営成績等に重大な悪影響
　　を及ぼすおそれのある事由が生じていないこと

(6) 対象会社は、その従業員に対して、未払いの賃料、時間外手
　　当、社会保険料等の労働契約に関する債務を負っていないこ
　　と

(7) 対象会社は、第三者の特許権、実用新案権、商標権、意匠
　　権、著作権等を侵害していないこと

(8) 対象会社は、第三者から訴訟その他のクレーム等を受けてお
　　らず、また、合理的に予見される範囲内での紛争も存在しな
　　いため、対象会社に帰属する可能性のある重大な債務が存在
　　しないこと

(9) 乙及び対象会社は、現在、暴力団、暴力団員、暴力団員でな

くなったときから5年を経過しない者、暴力団準構成員、暴力団関係企業、総会屋等、社会運動標ぼうゴロ又は特殊知能暴力集団等、その他これらに準ずる者（以下、これらを「暴力団員等」という。）に該当しないこと、及び将来にわたって以下のいずれか一にも該当しないこと

① 暴力団員等が経営を支配していると認められる関係を有すること

② 暴力団員等が経営に実質的に関与していると認められる関係を有すること

③ 自己、自社若しくは第三者の不正の利益を図る目的又は第三者に損害を加える目的をもってするなど、不当に暴力団員等を利用していると認められる関係を有すること

④ 暴力団員等に対して資金等を提供し、又は便宜を供与するなどの関与をしていると認められる関係を有すること

⑤ 役員又は経営に実質的に関与している者が暴力団員等と社会的に非難されるべき関係を有すること

第4条（対象会社の役員及び従業員）

1 対象会社の代表取締役である乙は、最終契約締結と同時に対象会社の代表取締役及び取締役を退任するものとし、対象会社が乙に対して退職慰労金●円を支払うものとし、甲はこれに同意する。

2 対象会社の取締役AAAとBBBは、最終契約締結と同時に退任するものとし、対象会社は退職金規程に従い、それぞれAAAに●円、BBBに●円の退職金を支払うものとし、甲はこれに同意する。

3 対象会社は、最終契約までに、AAAとBBBから、前項に定める退任の了承を得ておくものとする。

4 甲は、乙が、第1項に基づき退任した後、対象会社顧問に採用し1ヶ月金●円の顧問料を支払うものとし、顧問就任期間

は最低5年とする。

5　甲は、最終契約締結後も、本日現在の対象会社の従業員について最終契約締結前と同一の条件で雇用を継続できるよう、業務上合理的な努力を尽くすものとする。

第5条（調査の実施及び協力）

　甲は、本件株式譲渡を遂行してよいか否かの判断をするため、本合意書の締結後2ヶ月以内において、甲及びその選任する弁護士、公認会計士並びにその他のアドバイザー等が、対象会社に関する以下の各号に規定する事項を調査（以下「本件調査」という。）するものとし、乙及び対象会社は、甲による本件調査の実施が可能となるよう必要な協力をする。

　(1)　会計処理、財務内容、将来の収益見通し等

　(2)　経営管理、営業活動、技術開発力、設備の保全・稼働状況等

　(3)　第三者との重要な契約関係、株式の帰属、不動産の利用・権利状況、労務関係、知財・著作権関係、係争事件の有無、汚染等の環境リスク等

第6条（費用負担）

　本合意書に定める事項を実施するために要する費用はそれぞれ各自の負担とする。ただし、前条に定める本件調査に要する費用は、すべて甲の負担とする。

第7条（誓約）

　乙は、対象会社をして、最終契約の締結日までの間下記の事項を行わず、その財産状態及び損益状況を大幅に変化させないことを誓約する。ただし、甲及び乙が書面で合意するものについてはこの限りではない。

　(1)　増減資、新株予約権の発行

　(2)　新規借入、新規投融資、担保権の設定

(3) 重要財産の売却又は購入

(4) 従業員の賃金・給与の水準の大幅な変更

(5) 重要な顧客との取引条件の変更

第8条（公表）

　甲、乙及び対象会社は、本合意書の締結及びその内容並びに本件株式譲渡について、プレスリリース等の公表を行う場合は、当該公表の時期、方法及び内容等について協議し、甲、乙及び対象会社の書面による合意の上で公表するものとする。

第9条（誠実交渉義務）

　甲及び乙は、本合意書の締結後、前項に定める本件調査の実施のほか、本件株式譲渡の内容を実行するのに必要な会社法その他法令上の手続の履践並びに契約及び社内手続をできる限り速やかに実施し、●年●月●日（以下「本件期日」という。）までに、最終契約の締結をはじめとする本件株式譲渡が行われるように誠実に協力する。

第10条（独占交渉義務）

　本合意書締結日より最終契約締結までの間、乙は、乙及び対象会社が甲以外の第三者との間で、乙の有する対象会社の発行済株式の売却、対象会社の行う増資の引受け、及び対象会社と第三者との合併等、対象会社の経営権が変更される取引につき、一切の情報交換、交渉、合意、契約を行わず、また、対象会社に行わせないものとする。

第11条（失効）

　本合意書は、本件期日までに最終契約が締結できない場合は、本合意書は失効する。ただし、当事者間で別途書面による合意がなされた場合は、それに従う。

第12条（解除事由）

1　甲は、乙又は対象会社が本合意書に定める事項に違反した場合は、乙に対する通知催告等を要せず、直ちに本合意書を解除することができるものとする。

2　甲は、理由の如何を問わず、甲乙間で最終契約を締結する可能性がなくなったときは、乙に対して本合意書の解約を書面により通知することにより、いつでも本合意書を解除することができるものとする。

第13条（秘密保持義務）

1　●年●月●日付で甲が差し入れた秘密保持契約は、本合意書の発効後も有効であることを確認する。

2　乙及び対象会社は、本合意書の締結及びその内容、本件株式譲渡に向けて取得した甲の情報は、下記のものを除いて、秘密情報として第三者に開示しない。

（1）開示された時点で、既に公知となっていたもの

（2）開示された後で、自らの責に帰すべき事由によらず公知となっていたもの

（3）開示された時点で、既に自ら適法に保有していたもの

（4）正当な権限を有する第三者から開示されたもの

3　前項にかかわらず、最終契約を締結するために必要不可欠な範囲内で、乙が対象会社の取締役等に開示する場合は秘密保持義務の対象から除くものとする。

第14条（法的拘束力の有無）

　甲及び乙は、本合意書は、本合意書締結時点における本件株式譲渡に関する当事者間の意思を確認する目的で締結されるものであり、第7条乃至第16条の規定を除き、法的拘束力を有さないものとし、本合意書の締結によっても、甲及び乙は、最終契約を締結する義務を何ら負わないものとする。

第15条（準拠法及び裁判管轄）

1　本契約の準拠法は日本法とする。

2　本契約に関する紛争等について協議により解決することができない場合、東京地方裁判所を第一審の専属的合意管轄裁判所とするものとする。

第16条（協議）

　本合意書に記載のない事項又は本合意書の内容に疑義が生じた場合の取り扱いについて、甲及び乙は、誠実に協議し、その解決を図るものとする。

　本契約の成立を証するため本契約書を2通作成し、甲乙各記名押印の上、各1通を保有する。

●年●月●日

		所在地	○○○○
甲		会社名	XXX株式会社
		代表者氏名	●●●●

		所在地	○○○○
乙		会社名	YYY株式会社
		代表者氏名	●●●●

3 株式譲渡基本合意の概要

　M&Aや業務提携においては、最終的に締結すべき株式譲渡契約や業務提携契約（最終契約）を締結するまでに長期間を要することが通常であるところ、最終契約を本当に締結するのかを明確にせず、また締結するとしてその場合の基本的なコンセプトも定めずに交渉を進めることは双方にとってリスクがあります。そこで、最終契約締結の前提として、お互いに最終契約締結に向けた基本的なスタンスや独占的な交渉権の有無等を確認する旨の基本合意書（Letter of Intent（LOI）、Memorandum of Understanding（MOU）と呼ぶこともあります。）を締結する場合があります。

　株式譲渡契約に関する基本合意書であれば、乙と甲が当事者となることが一般的ですが、上場会社や少数株主が存在する場合など、対象会社が独立性を有する場合には、対象会社も当事者として加わる場合があります。基本合意書には、株式譲渡契約等に規定すべき主要な事項を列挙する形式が一般的であり、とくに株式の種類や数、株式の対価の算定方法等を規定します。また、前提契約としての性格から、通常、デューディリジェンスに関する事項や守秘義務、独占的交渉権の有無など、株式買取交渉におけるルールも規定することが通常です。なお、最終契約である株式譲渡契約等が当事者間での法的義務を規定し、法的に拘束することを目的とするのに対し、基本合意書は、当事者の意向を確認することを主目的とし、独占交渉義務、秘密保持義務、費用負担等の一部条項を除き、法的拘束力を持たない精神的な取り決めとして締結されるケースが大半です。ただし、基本合意書の内容が契約上の義務を発生させないものであったとしても、契約締結上の過失の有無等について、重要な判断資料と評価される場合があることに注意が必要です[37]。

---

[37] 東京地判平成17年7月20日判時1922号140頁参照

4 実務上のチェックポイント

- [ ] 最終契約締結の法的拘束力を認めるか（最終契約締結義務の有無）
- [ ] その他、法的拘束力を認める条項の有無
- [ ] 独占交渉義務の有無及び内容・期間
- [ ] 最終契約締結義務は定めないことが一般的

5 各条項の留意点

(1) 基本合意の内容（第1条）

「基本合意の内容」として、買収対象や買収ストラクチャーの種類、買収金額等、最終契約に関する基本的な契約条件を規定しています。基本合意書の段階では、買収対象の中核となる事業や資産については決まっていても、それ以外の事業や資産については詳細が詰められていないこともあります。また、買収ストラクチャーについては、1つに絞らず複数のスキームを併記することがあります。これらの事項については、基本合意書締結後に変更・修正される可能性もあることから、法的拘束力は持たせないことがあります。

(2) 株式譲渡及び譲渡価格（第2条）

最終契約に係る取引条件の中でも最も重要な条項の1つが株式譲渡の価格ですが、株式譲渡価格については、基本合意書の段階では法的拘束力のある形での合意はせず、変更の余地を残す場合が多いものといえます。ただし、仮に法的拘束力がないとしても、基本合意書に具体的な金額を記載する場合、相手方に当該金額に対する期待が生じ、事後に合理

的な理由なく当該金額を変更すると契約締結上の過失に基づく責任を問われるおそれがありえます。

　なお、株式譲渡価格について法的拘束力を持つ内容で合意する場合、契約上、原則として当該金額に基づいて取引を行う義務が生じるため、法的拘束力がない場合と比べてより契約締結上の過失に基づく責任が生じる可能性が高まります。

(3) 表明保証（第3条）

　表明保証とは、一方当事者が相手方当事者に対して、一定の時点において、一定の事項が正確かつ真実であることを表明し、保証する旨の条項をいいます。株式譲渡契約のようなM&A取引において、売主から当事者に関する事項（契約締結権限の有無など）や対象会社に関する事項（財務諸表の正確性、潜在債務の有無など）について表明保証させたり、ライセンス契約において、ライセンサーから特許権を有効かつ適法に保有していることなどを表明保証させたりすることが少なくありません。

　表明保証は、契約不適合責任のように法定責任ではなく、あくまで当事者間の合意に基づく契約上の取り決めですので、その内容・効果については契約書で明確に定めるべきといえます。表明保証の機能について、裁判例[38]は、「表明保証の機能には、リスク分配機能があり、表明保証をした契約当事者は、表明保証をした事実については責任を負う一方、それ以外の事実については責任を負わないとすることにより、契約当事者の責任を明確にする機能がある」と判示しています。すなわち、表明保証を行った売主は、対象事項については責任を負いますが、それ以外の事項については、原則として売主は情報提供義務や説明義務を負わないこととなります[39]。その結果、売主による表明保証の対象とされていない事項については、買主に責任が転嫁されることとなります。また、同裁判例において、表明保証条項の解釈について、「安易に拡大し

---

[38] 東京地裁平成25年11月19日金法2009号116頁
[39] 東京地裁平成19年9月27日ジュリ1393号112頁参照

て解釈すると、かえって契約当事者の合理的意思に反することにもなる」と判示されているとおり、原則として文言解釈が行われ、安易な拡大解釈は認められない可能性が高いものと思われます[40]。

したがって、契約に表明保証条項を規定する場合、事後的に当該条項をめぐって紛争が生じた場合、裁判では文言解釈がなされる可能性を考慮して、厳密に規定する必要があるものといえます。

(4) 対象会社の役員の処遇（第4条）

実務上、対象会社役員及び従業員の処遇は、最終契約締結前後の段階においても問題となることが少なくないことから、可能であれば基本契約締結段階において、基本的な方針を盛り込んでおくことが望ましいといえます。

(5) 調査の実施及び協力（第5条）

基本合意書は、通常、対象会社に対するリスクの有無の一切を調査するプロセスであるデューディリジェンスの開始前に締結されるものであるため、その後のデューディリジェンスへの協力義務が規定されるのが一般的です。甲としては、限られた時間及び費用の下でデューディリジェンスを行う以上、効率的にこれを行うことを希望するのが当然ですが、そのためには、乙及び対象会社の協力が不可欠です。そこで、基本合意書においても、乙が甲によるデューディリジェンスに自ら協力し又は対象会社をして協力させる義務を規定する場合があります。もっと

---

[40] 東京地裁平成19年7月26日ジュリ1406号157頁は、「買収対象企業の財産や負債の状況等を把握するための事項を完璧に、かつ全く誤りなく開示することは極めて困難である上…企業価値やその将来性の判断に当たって、…考え得るすべての事項を情報開示やその正確性保証の対象とするというのは非現実的であり、その対象は、自ずから限定されて然るべきものである。具体的には、…企業買収に応じるかどうか、あるいはその対価の額をどのように定めるかといった事柄に関する決定に影響を及ぼすような事項について、重大な相違や誤りがないことを保証したもので、同12条1項は、その保証に違反があった場合に損害補償に応じる旨を定めたものであると解するべきであり、同契約書11条⑤が財務諸表の内容が「重要な」点において正確であることを、同条⑥が「重大な」不利益が存在しないことを、同条⑯が「重要な事項」について記載が欠けていないことを、それぞれ保証する旨を定めているものを、その趣旨に基づくものであると解される。」と判示しており、表明保証条項について限定的な解釈がなされる可能性もありえるものと思われます。

も、乙が案件の中止を決めたような場合にまでデューディリジェンスのための情報開示等、協力義務を定めることは不合理であることから、デューディリジェンスへの協力義務については法的拘束力を持たせない傾向があります。

(6) 公表（第8条）

上場会社が基本合意書を締結する場合、当該合意書の内容及び性質によっては、その締結をもって株式譲渡等の最終契約に関する事実上の決定があったものとして、金融商品取引所規則に基づく適時開示義務の対象となる場合があります。

この点、株式会社東京証券取引所は、一般に、業務執行を実質的に決定する機関において合併等を実行することを事実上決定した段階で適時開示をすることが必要としています。そして、基本合意書等を締結し、当該行為について事実上決定した場合は、その時点において適時開示を行うことが必要となるものと解しています。ただし、たとえば、これらの基本合意書等の締結が単なる準備行為に過ぎないものであったり、交渉を開始するにあたっての一定の合意でしかなく、その成立の見込みが立つものではないときや当該時点で公表するとその成立に至らないおそれが高いときまで、適時開示を行うことが求められるものではありません。一方で、これらの基本合意書等の法的拘束力の有無や合併比率等の記載の有無をもって、直ちに適時開示が不要と判断されるものではありません[41]。

具体的にいかなる場合に適時開示義務の対象となるかは案件に応じた個別判断となりますが、開示のタイミングや開示内容について事前に当事者間ですりあわせを行えるよう、公表に関する条項を定めておくことが望ましいといえます。

---

[41] 東京証券取引所上場部編『会社情報適時開示ガイドブック』（2015年6月版）51〜52頁参照

(7) 誠実交渉義務（第9条）

　誠実交渉義務とは、基本合意書の締結後に最終契約締結に向けて当事者が誠実に交渉する義務を負う旨の条項をいいます。

　誠実交渉義務が規定されていない場合であっても、基本合意書を締結したにもかかわらず、相手方当事者が対象案件において誠実に交渉を行わない場合は、契約締結上の過失や不法行為理論に基づき相手方に対し損害賠償を請求する余地がありますが、誠実交渉義務を明確に規定することによって、よりこれらの責任を追及しやすくなるものと思われます。

(8) 独占交渉義務（第10条）

　最終契約締結を検討するには相応の費用と時間がかかりますが、多大な時間と費用を投下した時点で交渉を打ち切られた場合には、打ち切られた当事者としては不測の損害を被ることになります。かかる不測の事態に備えるべく、基本合意書には法的拘束力を持たせた独占交渉権が規定されることがあります。

　独占交渉権が認められるかどうかは両当事者の力関係次第といえますが、たとえば、甲が乙にとって相当好条件の真摯な提案を行っており、乙としてもこの甲を逃がしたくないと考えているような場合であれば、独占交渉権を付与した上で交渉を続けるという判断を乙が行う可能性が高いといえます。もっとも、その場合であっても乙としては可能な限り独占交渉期間を短くすることを希望することが自然であり、その期間は3ヶ月から6ヶ月程度にとどまることが多いと思われます。

(9) 法的拘束力（第14条）

　基本合意書は、最終契約を締結する義務がないという意味で法的拘束力を有しないとされるのが通常です。ただし、独占交渉義務や独占交渉期間、秘密保持義務、費用の分担等についてはその性質上法的拘束力を認めることが一般的であり、後日の紛争を予防すべく、基本合意書中の

どの条項について法的拘束力を認めるか明確にしておくことが望ましいといえます。

　なお、独占交渉義務を定めた条項の法的拘束力等が問題になった事案として、住友信託銀行対UFJホールディングス事件[42]があります。当該事件は、住友信託銀行とUFJホールディングスが、協働事業化に関して締結した基本合意書において独占交渉義務及び誠実交渉義務を定めていましたが、旧UFJ3社はそれらに反して三菱東京フィナンシャルグループと協働事業について協議したため、住友信託銀行が差止の仮処分と損害賠償の本訴を提起したものです。当該事件では、基本合意書上、法的拘束力の有無が明記されていなかったものの、最高裁は、独占交渉を定めた条項について法的拘束力を認めました。なお、当該条項の違反による損害賠償の範囲も含めて紛争が複雑化しましたが、最終的には和解で解決されています。当該事件以降、基本合意書に法的拘束力の有無を明記することが一般的となっています。

---

[42] 最決平成16年8月30日民集58巻6号1763頁、東京地裁平成18年2月13日判時1928号3頁

身近になったM&A

　経営者の高齢化に伴う後継者不足や、企業規模の大規模化による競争力の強化等のために、近年は中小企業でもM&Aを検討する事例が増加しています。

　M&Aは、売手側にとっては経営者の後継者不足による事業廃止リスクの回避や、経営難に伴う雇用解消のリスクの回避等のメリットがある一方、買手側にとっても事業規模の拡大や新規事業の開拓等のメリットがあります。

　M&Aは、事業戦略を検討する上で有力な手法の一つといえますが、一方でデメリットもないわけではありません。

　M&Aのメリット・デメリットを整理すれば、以下のとおりです。

当事者	メリット	デメリット
買い手側	1. 規模拡大による労働生産性の向上 2. 事業規模拡大の時間短縮 3. 事業の多角化 4. 新規事業参入 5. 節税	1. M&Aのコスト 2. シナジー効果の不在 3. M&Aに伴う売り手側企業の人材の流出 4. 売り手側との価値観の対立
売り手側	1. 後継者不足の解消 2. 事業・雇用の継続 3. 廃業コストの省略 4. 創業者利益の獲得	1. 想定していた譲渡価格を実現できない 2. 取引先との契約解消 3. 買い手側との価値観の対立 4. 買い手側の労働条件等への組入

　M&Aには、上記のとおり様々なメリット・デメリットが存在します。

　上記のようなメリット・デメリットを理解した上で、M&Aを今後の事業戦略を検討する上で有力な手段の1つとして押さえておくことが望ましいといえます。

　なお、企業価値は、時々の状況に応じて変化することから、M&Aを成功させるためには、検討・実行するタイミングも重要な要素です。

　M&Aの検討を進める前提として、M&Aの基本的な流れを理解しておきましょう（詳細は第2章2をご参照ください）。

第 **9** 章

不動産賃貸借契約書

1 想定事例

　本章では、貸主XXX株式会社（甲）及び借主YYY（乙）が、事務所として使用する目的で建物を賃貸する旨の賃貸借契約を締結するケースを想定しています。

2 参考書式

賃貸借契約書

　貸主XXX株式会社（以下「甲」という。）及び借主YYY（以下「乙」という。）は、別紙物件目録記載の物件（以下「本件物件」という。）に関し、次のとおり賃貸借契約（以下「本契約」という。）を締結する。

第1条（契約の目的）
　甲は乙に対し、本件物件を事務所として使用する目的で賃貸し、乙はこれを貸借する。

第2条（賃貸借期間）
1　賃貸借期間は、●年●月●日から●年●月●日までの2年間とする。
2　前項の賃貸借期間は、甲又は乙が期間満了の6ヶ月前までに相手方に対して書面にて更新しない旨の通知をした場合を除き、2年間更新され、以後も同様とする。

第3条（賃料）

1　本件物件の賃料は月額金30万円とする。

2　乙は甲に対し、前項の賃料を、毎月15日限り、その翌月分を甲の指定する銀行口座に振り込む方法によって支払う。なお、振込手数料は乙の負担とする。

3　1ヶ月に満たない期間の賃料は、当月の日割計算による。

【振込先口座】

●●銀行　●●支店　普通

口座番号　1234567

口座名義人

第4条（共益費）

1　乙は、甲に対し、共益費として1ヶ月金●万円を、毎月●日限り、その翌月分を甲の指定する銀行口座に振り込む方法によって支払う。なお、振込手数料は乙の負担とする。

2　1か月に満たない期間の共益費は当月の日割計算による。

第5条　（諸費用の負担）

乙は、本件物件の使用に伴う電気、ガス、水道等の光熱費、電話等の通信費その他の費用を負担する。

第6条　（消費税・地方消費税）

1　乙は、甲に対して支払う賃料、共益費、その他消費税等が課税される債務に係る消費税及び地方消費税を負担する。

2　乙は、法令の改正により消費税率に変更があった場合には、変更後の税率に従った消費税及び地方消我税を負担する。

第7条（遅延損害金）

乙が本契約に基づき発生した金銭債務の支払を所定の期日までに履行しないときは、乙は、甲に対し、遅延金額に対し、当該支払期

日の翌日から支払済みに至るまでの間、年5％の割合による遅延損
害金を加算して支払う。

第8条（賃料の改定）

1 甲は、本契約の更新に際しては、乙と協議の上、賃料を改定
することができる。

2 甲及び乙は、賃料が、経済事情の変動、公租公課の増減、近
隣の家賃との比較等により不相当となったときは、契約期間
中であっても、相手方に対し、将来に向かって賃料の増減額
の請求をすることができる。

第9条（敷金）

1 乙は、本契約に基づく乙の債務を担保するため、本契約締結
日に、甲に対し、敷金として金●万円を預託する。ただし、
敷金には利息を付さない。

2 乙に賃料不払等その他本契約に基づく債務の不履行がある場
合、甲は、何らの通知、催告なしに敷金の一部又は全部をこ
れらに充当することができる。

3 賃貸借期間中、乙は、敷金をもって、賃料その他本契約に基
づく乙の債務の弁済に充当することができない。

4 本契約終了後、乙が本件物件を原状に復して甲に明け渡した
とき、敷金から、本契約に基づき乙が明渡しまでに履行すべ
き一切の債務をそれぞれ控除した残金がある場合、甲は、乙
に対し、当該明渡日から3ヶ月以内にこれを返還する。

第10条（館内規則の遵守等）

1 乙は、本件物件及び共用部分を善良なる管理者の注意をもっ
て使用する。

2 乙は、本件物件の館内規則その他甲が本件物件の管理上定め
た事項を遵守しなければならない。

第11条（修繕等の費用負担及び実施方法）
1　甲は、本件物件及び甲所有の造作設備の保全及び修繕に必要な措置を自己の費用負担において行う。
2　前項にかかわらず、乙の故意又は過失により、本件物件及び甲所有の造作設備に保全及び修繕の必要が生じた場合には、これに要する費用は乙の負担とする。
3　乙が修繕を行うときは、速やかにその旨を甲に通知し、甲と協議の上、修繕を実施するものとする。
4　本件物件及び甲所有の造作設備の保全又は修繕のために甲が必要な措置を行う場合は、甲は予め、その旨を乙に通知しなければならない。

第12条（原状の変更）
1　乙が造作設備の新設・除去・変更・修繕等によって現状を変更しようとする際は、事前に甲に対し、その内容及び方法の詳細を書面にて提出し、甲の書面による承諾を得なければならない。
2　乙が甲の書面による承諾を得て現状を変更する際は、甲と協議の上、その指示に従って変更工事を行うものとする。

第13条（立入等）
1　甲又は甲の指定する者は、本件物件の保全、防火、防犯その他管理上必要があるときは、あらかじめ乙に通知した上で本件物件内に立ち入り、適宜の措置を講ずることができ、また乙に対し適宜の措置をとることを要求することができる。ただし、緊急を要する場合にはこの限りでない。
2　乙は、正当な理由がない限り、前項の規定に基づく甲の立入りを拒否することはできず、また甲に要求された適宜の措置をとらなければならない。

第14条（賃貸人の免責）

　甲は、天災地変、地震、火災若しくは盗難等その他甲の責に帰することのできない事由に基づく事故、又は甲が行う本件物件の修繕、維持保全その他必要な工事による本件物件又は共用部分の使用停止により乙に損害が生じたとしても、その責を負わない。

第15条（禁止又は制限される行為）

　乙は、次の各号に挙げる行為をしてはならない。

　(1) 賃借権を譲渡又は担保の目的に供すること

　(2) 本件物件の一部又は全部を転貸すること（使用貸借、その他これに準ずる一切の行為を含む。）並びに他人に使用させること、その他名目の如何を問わず事実上これらと同様の行為を行うこと（事業譲渡、合併、大株主の変更、第三者への経営委任等により、乙が実質的同一性を欠いた場合を含むがこれらに限られない。）

　(3) 本件物件内に第三者を同居させ、又は乙以外の名義を掲示すること

　(4) ペットの飼育

　(5) 爆発物、危険物等の持ち込み、その他甲及び他の賃借人、近隣住民等に危険又は迷惑を及ぼす行為

　(6) 本件物件の良好な維持保全を害する行為

　(7) 本契約の条項に違反する行為

第16条（反社会的勢力の排除）

　1　甲及び乙は、それぞれ相手方に対して、次の各号について表明し保証する。

　　(1) 自らが、暴力団、暴力団員、暴力団員でなくなった時から5年を経過しない者、暴力団準構成員、暴力団関係企業、総会屋、社会運動等標ぼうゴロ、特殊知能暴力集団その他これらに準ずる者（以下総称して「反社会的勢

力」という。）ではないこと

(2) 反社会的勢力と次の関係を有していないこと

　① 自ら若しくは第三者の不正の利益を図る目的、又は第三者に損害を与える目的をもって反社会的勢力を利用していると認められる関係

　② 反社会的勢力に対して資金等を提供し、又は便宜を供与するなど反社会的勢力の維持、運営に協力し、又は関与している関係

(3) 自らの役員（取締役、執行役、執行役員、監査役、相談役、会長その他、名称の如何を問わず、経営に実質的に関与している者をいう。）が反社会的勢力ではないこと、及び反社会的勢力と社会的に非難されるべき関係を有していないこと

(4) 反社会的勢力に自己の名義を利用させ、本契約を締結するものではないこと

(5) 自ら又は第三者を利用して本契約に関して次の行為をしないこと

　① 暴力的な要求行為

　② 法的な責任を超えた不当な要求行為

　③ 取引に関して、脅迫的な言動をし、又は暴力を用いる行為

　④ 風説を流布し、偽計又は威力を用いて相手方の業務を妨害し、又は信用を毀損する行為

　⑤ その他前各号に準ずる行為

2　甲又は乙の一方について、次のいずれかに該当した場合には、その相手方は何らの催告を要せずして、本契約を解除することができる。

(1) 前項1号乃至3号の表明保証に反する表明をしたことが判明した場合

(2) 前項4号の表明保証に反して契約をしたことが判明した

場合

　（3）前項5号の表明保証に反した行為をした場合

　3　前項の規定により本契約が解除された場合には、解除された者は、その相手方に対して、相手方の被った損害を賠償するものとする。

　4　第2項の規定により本契約が解除された場合には、解除された者は、解除により生じる損害について、その相手方に対して一切の請求を行わない。

第17条（中途解約）

　1　乙は、6か月以上の予告期間をもって甲に書面にて通知することにより、本契約を中途解約することができる。

　2　乙は、中途解約の申入れをした場合には、甲に対し解約金として、次の基準に基づく金額を支払わなければならない。

　（1）契約日から1年未満の解約　　●万円

　（2）1年以上2年未満の解約　　　●万円

　3　前項の規定は、本契約に基づく乙の債務不履行による甲の損害賠償請求を妨げない。

第18条（解除）

　1　乙が次のいずれかの事由に該当したときは、甲は催告なしに、直ちに本契約を解除することができる。

　（1）第3条に定める賃料、第4条に定める共益費、第5条に定める諸費用の支払を怠り、滞納金額が賃料の2か月分以上の金額に達したとき

　（2）本契約に定める条項に違反し、相手方に対し催告したにもかかわらず7日間以内に当該違反が是正されないとき

　（3）賃借権を譲渡又は担保の目的に供すること

　（4）本件物件の一部又は全部を転貸すること（使用貸借、その他これに準ずる一切の行為を含む）並びに他人に使用

させること、その他名目の如何を問わず事実上これらと同様の行為を行うこと（事業譲渡、合併、大株主の変更、第三者への経営委任等により、乙が実質的同一性を欠いた場合を含むがこれらに限られない。）

(5) 監督官庁より営業の許可取消し、停止等の処分を受けたとき

(6) 支払停止若しくは支払不能の状態に陥ったとき

(7) 自ら振り出し又は引き受けた手形若しくは小切手について不渡処分を受けたとき

(8) 差押え、仮差押え、仮処分若しくは競売の申立て、又は公租公課の滞納処分を受けたとき

(9) 解散、会社分割、事業譲渡又は合併の決議をしたとき

(10) 甲乙間の信頼関係が破壊されたと甲が認めたとき

(11) その他、前各号に準じる事由が生じたとき

2　前項の場合、乙は、解除によって甲が被った損害の全てを賠償するものとする。

第19条（原状回復）

1　本契約が終了したときは、乙は、本件物件及び造作設備の破損及び故障を補修して甲に明け渡す。

2　前項の場合において、本件物件内に乙が設置した造作その他乙所有の設備については、乙の費用をもって乙が収去する。

3　第1項及び前項の工事は、乙が行い、乙がその費用を負担する。

4　本件物件及び共用部分に乙が残置した動産類があるときは、乙はそれらの所有権を放棄したものとみなし、甲は、これらの動産類を任意に破棄・処分し、これに要した費用を乙に請求することができる。

第20条（造作買取請求権等）

1 乙は、本件物件の明渡しに際し、その事由及び名目の如何を問わず、本件物件及び造作設備について支出した諸費用の償還請求又は移転料、立退料、権利金等一切の金銭請求をすることはできない。

2 乙は、本件物件内に乙の費用をもって設置した造作設備の買取りを甲に請求することはできない。

第21条（損害賠償）

乙（使用人、来訪者を含む。）が故意又は過失により本件物件、共用部分、甲、他の賃借人又は第三者に損害を与えた場合は、乙はこれを賠償しなければならない。

第22条（損害保険の付保）

乙は、乙が本件物件に搬入又は設置した商品、什器、造作設備その他の動産について火災事故等により生ずる損害を填補するため、その費用と負担において、損害保険を付し、これを本契約期間（本契約が更新された場合にはその期間も含む。）継続する。

第23条（変更事項の届出）

甲又は乙は、次の各号に定める事項を行う場合、事前に書面をもって相手方に通知しなければならない。

(1) 合併、会社分割、株式交換、株式移転等の組織に関する重大な変更

(2) 事業の全部又は一部の譲渡

(3) 株主を全議決権の3分の1を超えて変動させる等、支配権に実質的な変動を生じさせる行為

(4) 本店所在地、商号、代表者等の変更

第24条（契約締結費用の負担）

　本契約締結に要する費用は、甲乙折半とする。

第25条（準拠法及び裁判管轄）

　1　本契約の準拠法は日本法とする。

　2　本契約に関する紛争等について協議により解決することがで
　　きない場合、東京地方裁判所を第一審の専属的合意管轄裁判
　　所とするものとする。

第26条（協議）

　本契約の解釈その他の事項につき生じた疑義及び本契約に規定の
ない事項については、甲及び乙双方が誠意をもって協議の上、解決
するものとする。

　本契約の成立を証するため本契約書を2通作成し、甲乙各記名押
印の上、各1通を保有する。

●年●月●日

	所在地	○○○○
甲	会社名	XXX株式会社
	代表者氏名	●●●●
	住所	○○○○
乙		
	氏　名	YYY

別　紙　物　件　目　録

1　建物の表示

　　所　　在　　東京都○区○丁目○番地

　　家屋番号　　○○○番

```
        種   類     事務所
        構   造     鉄骨造2階建
        床 面 積    1階  ○○、○○平方メートル
                   2階  ○○、○○平方メートル

    2  本件物件の表示
       上記1記載の建物のうち2階部分
```

3 賃貸借契約の概要

　賃貸借契約とは、賃貸人がある物を使用収益させる対価として、賃借人から賃料を受け取る契約をいいます（601条以下）。賃貸借契約は、不動産に限らず、動産を目的物とすることもありますが、ここでは、様々な事業活動の基礎となり、実務上触れる機会も多い、建物賃貸借契約を念頭に解説します。

　なお、建物賃貸借契約に関しては、借家人保護の観点から、借地借家法による修正を受けます（借地借家法1条）。建物賃貸借契約に関しては、借地借家法26条以下において、建物賃貸借契約の更新や建物賃貸借契約の効力、定期建物賃貸借契約等に関する規定が置かれています。借地借家法上の規定には強行規定も含まれており、強行規定に反する契約条項を規定しても、当該契約条項は無効とされることに注意が必要です。

　また、企業対個人間の賃貸借契約の場合、消費者契約法が適用され、より賃借人保護に判断される可能性があることにも留意が必要です。

(1) 借地借家法上の建物賃貸借

ア．借地借家法上の建物賃貸借の種類
　借地借家法上の建物賃貸借には、以下の4種類があります。

> ①　普通建物賃貸借契約
> ②　定期建物賃貸借契約
> ③　取壊し予定の建物賃貸借契約
> ④　一時使用目的の建物賃貸借契約

（ア）普通建物賃貸借

　普通建物賃貸借とは、期間を定め、又は期間を定めないで、建物の使用収益及びその賃料を定めてする法定更新のある建物賃貸借をいいます（借地借家法26条～29条）。なお、1年未満の賃貸期間を定めた賃貸借契約は期間の定めのないものとみなされます（借地借家法29条1項）。一方、1年以上の賃貸期間であれば長期の制限はありません（借地借家法29条2項）。

（イ）定期建物賃貸借

　定期建物賃貸借とは、期間の定めのある建物の賃貸借で、かつ、契約の更新がなく、公正証書等の書面で契約されることを要する賃貸借をいいます（借地借家法38条1項）。

（ウ）取壊し予定の建物賃貸借

　取壊し予定の建物賃貸借とは、法令又は契約により一定の期間を経過した後に建物を取り壊すべきことが明らかな場合において、建物を取り壊すこととなる時に賃貸借が終了する旨の定めをした賃貸借をいいます（借地借家法39条）。

（エ）一時使用目的の建物賃貸借

　一時使用目的の建物賃貸借とは、一時使用の目的であることが明らかな建物の賃貸借のことをいい、この場合には、借地借家法26条ないし39条の適用がありません（借地借家法40条）。

イ．借地借家法上の賃貸借契約の選択─賃貸人の立場

　賃貸人の立場としては、一定期間経過後に必ず契約関係を終了させることのできる定期建物賃貸借契約の方が望ましいこが多いといえます。

　普通建物賃貸借契約の場合、賃貸人が更新拒絶をするためには正当事

由が必要となるため、賃貸借契約を終了することが困難となります。一方、定期建物賃貸借契約であれば、契約に定める期間の満了により契約関係を必ず終了させることが可能となります。また、定期建物賃貸借契約は、契約の更新は認められませんが、契約期間満了後に再度定期建物賃貸借契約を締結することが可能です。したがって、賃貸人が建物について再度賃貸借契約を締結したいというニーズにも対応することが可能となります。

ウ．借地借家法上の賃貸借契約の選択―賃借人の立場

普通建物賃貸借契約、定期建物賃貸借契約のいずれであっても、契約期間満了により契約関係を終了させることが可能です。もっとも、賃借人側が契約関係を長期に継続したい場合、普通建物賃貸借契約であれば更新拒絶事由が認められなければ契約の更新が可能である一方、定期建物賃貸借契約である場合、契約期間満了によって賃貸借契約が終了することになります。

したがって、賃借人側からすれば、普通建物賃貸借契約ではなく定期建物賃貸借契約となった場合、長期の契約継続を期待することが難しくなるといえます。

(2) 民法改正の影響

民法改正では、賃貸借契約に関して、主に以下の改正がなされています。

No.	改正事項	条文番号
1	賃貸借の存続期間の上限を 20 年から 50 年に伸長	604条
2	賃貸人たる地位の移転に関する規定の新設	605条の2、605条の3
3	不動産の賃借人による妨害の停止の請求権等に関する規定の新設	605条の4
4	賃借人による修繕に関する規定の新設	607条の2

5	賃借人が適法に賃借物を転貸した場合における転貸借契約の有効性に関する規定の新設	613条3項
6	賃借物の全部滅失等による賃貸借の終了に関する規定の新設	616条の2
7	賃借人の原状回復義務に関し、通常の使用及び収益によって生じた賃借物の損耗並びに賃借物の経年劣化は含まれないことの明文化	621条
8	賃借人の損害賠償請求権等の期間制限に関する規定の新設	622条、600条2項
9	敷金に関する規定の新設	622条の2

　これらの改正点のうち、実務上影響が大きいと想定されるものについて、各条項の解説で言及することとします。

4 契約上のチェックポイント

□　民法改正による主な影響の確認
　①　敷金に関する判例法理の明文化
　②　賃貸人たる地位の移転に関する判例法理の明文化
　③　賃借人の原状回復義務に通常損耗及び経年劣化が含まれないことが明確化
　④　契約期間の上限が20年から50年に伸長
　⑤　不動産賃借権に基づく妨害排除請求に関する判例法理の明文化
　⑥　用益違反による損害賠償請求権について返還時から1年間は時効の完成を猶予
□　借地借家法による規制
□　消費者契約法の適用の有無

5 各条項の留意点

(1) 契約の目的（第1条）

　賃貸借契約の使用の目的が記載されています。

　事業用物件の賃貸借契約なのか、居住用賃貸借契約なのかによって、賃貸借契約書に盛り込むべき規定の内容が変わってきますので、賃貸借契約の目的は明示しておくべきでしょう。なお、事業用であっても居住用であっても、借地借家法は適用されます（借地借家法1条）。

　また、事務所用として貸した物件が飲食店として使用されたなど、目的と異なる使用方法がされたことにより、貸主が不測の損害を被ってしまう場合もあります。こう行ったトラブルを避けるためにも賃貸借契約の目的は定めておくべきでしょう。

(2) 賃貸借期間（第2条）

　賃貸借契約は、「当事者の一方がある物の使用及び収益を相手方にさせることを約し、相手方がこれに対してその賃料を支払うこと及び引き渡しを受けた物を契約が終了したときに返還することを約すことによって、その効力を生ずる」とされています（601条）。

　使用及び収益させる期間とその開始日を明確にしておくことで、賃貸人、賃借人の権利及び義務が生じる期間を明確にしましょう。

　また、建物の賃貸借契約は、終了する6ヶ月前までに相手方に更新しない旨の通知をしなければ、従前の契約と同一の条件で契約を更新したものとみなすという規定があります（借地借家法26条1項本文）。これを受け、契約期間を延長しない場合には、終了する6ヶ月前までに通知をするという規定を確認的におくのもよいでしょう。

(3) 賃料（第3条）

　賃料の支払いは賃貸借契約の重要な要素です。賃料は必ず明確に定め

ておきましょう。また、決められた賃料が「月額」であることも明示し
ておきましょう。

　賃料の支払時期と支払方法も明確に定めておくべき事項です。賃借人
からの円滑な支払のためには具体的に支払方法や時期がわかっていない
といけません。また、後述しますが、賃料の不払いが続くことは賃貸借
契約の解除事由にあたります。賃料が何ヶ月分支払われていないのかを
正確に把握するためにも、賃料の支払時期は明確にしておかなければな
りません。遅延損害金の発生がいつからになるのか明らかにするために
も支払い時期の規定は必須です。なお、振込みの場合には、振込み手数
料の負担に関する規定も入れておくと丁寧です。

(4) 共益費（第4条）

　賃貸借契約の場合には、賃料のほか、物件の管理費用として共益費が
定められることが一般的です。そこで、賃料と同様に、共益費が月額い
くらなのか、支払時期や支払方法を定めておくべきでしょう。基本的に
は、賃料と同じ支払時期、支払方法を設定する形で問題ありません。

(5) 諸費用の負担（第5条）

　物件を使用するために必要な光熱費等の負担は借主が負担するという
確認規定になります。

　賃貸人は賃借人に目的物を使用及び収益させる義務を負います。もっ
とも、賃貸人は賃貸借の目的に沿った使用及び収益ができるように、目
的物を貸す義務があるにとどまり、借主が通常使用する光熱費等は借主
が負担するものとなっています。

　なお、こちらは確認規定になるため、必ずしも契約書でも明示する必
要があるものではありませんが、紛争を防止するために明示しておくの
も一考です。

(6) 消費税・地方消費税 (第6条)

　こちらも必ずしも規定する必要はない確認条項ですが、税金の負担に関する条件を定める場合には、明示しておいたほうが丁寧でしょう。

(7) 遅延損害金 (第7条)

　賃借人が賃料や共益費などの支払を怠った場合、遅延損害金を請求することができます。いつから遅延損害金が発生するのか、遅延損害金の金額がいくらになるのかを明確にしておくことが重要です。

　なお、遅延損害金の金額に関する規定がない場合には、民法上3%が利息として定められており (404条2項)、賃料等の3%になってしまいますが、同項は契約によって変更できる任意規定なので、年5%と定めるなど、遅延損害金の金額を上げることができます。

(8) 賃料の改定 (第8条)

　この規定は、賃料を改定する場合に関する規定です。契約期間中に賃料を改定するべき事情が生じた場合には、当事者の協議により賃料を変更することができるという規定です。

　ただし、同様の規定が借地借家法32条に定められていますので、こちらも確認規定という位置付けになります。賃料を改定する可能性がある場合には、盛り込んでおく方が丁寧です。

　なお、契約書に一定期間賃料を増額しない旨の特約がある場合 (借地借家法32条1項但書) や、定期建物賃貸借で賃料改定にかかる特約がある場合 (同法38条7項) には、増額請求はできません[43]。

(9) 敷金 (第9条)

　敷金は平たくいえば、賃借人の支払債務の担保金です。一般的には、契約開始前に賃借人に一定金額を入金してもらい、賃貸人が保管しま

---

[43] 田山輝明・澤野順彦・野澤正充編『新基本法コンメンタール借地借家法　第2版』(日本評論社・2019年) 197頁

す。

　賃貸借契約が終了し、明渡しがされる場合に、未払賃料等があれば、敷金から控除し、残金があれば賃借人に返還します（622条の2第1項）。

　なお、契約が終了する前も、賃貸人の判断で、未払賃料等に充当することも可能です（同条2項）。賃貸人の判断で充当が可能なため、賃借人から未払賃料に充当するよう請求することはできません。

　敷金の返還に関しては民法改正により明文化されたため、敷金の取り扱いを明確にするためにも、賃貸借契約書においても明示しておくべきでしょう[44]。基本的には、敷金返還請求権は賃貸借契約の解除時ではなく、実際の建物の明渡しが完了した時点で発生するとされています[45]。

（10）館内規則の遵守等（第10条）

　館内設備の使用に関する確認規定になります。

　「借主は、契約又はその目的物の性質によって定まった用法に従い、その物の使用及び収益をしなければならない」（594条1項）という使用貸借契約に関する規定が、賃貸借契約にも準用されています（同法616条）。設備の保管や破損等の責任が借主にあることを明確にするとともに、解除事由とすることも可能です（契約書式第18条1項2号参照）。

（11）修繕等の費用負担及び実施方法（第11条）

　賃貸目的物や物件設備の修繕の費用負担と実施方法に関する規定です。

　賃貸人は賃借人に目的物を使用収益させる義務がありますので、書式の第1項では賃貸人が費用を負担するという原則を規定しています。他方、第2項では賃借人が故意又は過失によって設備等を破損した場合には、賃借人が負担するという例外を定めています[46]。

　実際に修繕を行う場合には、対象物の所有権が賃借人にない以上、賃

[44] 我妻榮・有泉亨・清水誠・田山輝明『我妻・有泉コンメンタール民法（総則・物件・債権）第5版』（日本評論社・2018年）1264頁以下
[45] 最判昭和48年2月2日民集27巻1号80頁

貸人に通知し、賃貸人が与り知らない状態で修繕がされることのないように第3項及び第4項の規定が設けられています。

(12) 原状の変更（第12条）

　造作の新設等によって現状を変更する場合の規定です。賃借人は契約終了時、目的物を現状に復して返還する義務を負います。その際、賃貸開始時と目的物が異なるため、のちの紛争を防止するため、賃貸人の承諾を得る必要があるという条項です。また、通知や承諾については、その意思確認を明確にしておくため、書面で行うべきでしょう。

(13) 立入等（第13条）

　賃貸人やその委託を受けた管理会社、清掃業者等は、防災上の理由等により目的物の管理のため、立ち入ることができるという規定です。もっとも、賃借人が現に使用していることから事前に賃借人に通知を行い、立ち入る方法が定められています。

(14) 賃貸人の免責（第14条）

　天変地異等、両当事者の責に帰すべき事由ではない原因により、目的物が破壊され賃貸人が賃借人に使用収益させる義務を果たすことができなくなった場合の規定になります。

　この場合、賃借人は目的物を使用できなくなるか、修繕するのであればその間の使用ができなくなることなどにより、賃借人に損害が生じる可能性があります。その費用は、賃貸人に責任がない以上、賃貸人には責任がないとする規定となっています。

　なお、目的物が破壊され、修繕等を行っても再度使用収益させることができなくなった場合、賃貸借契約は当然に終了し、賃借人の賃料支払

---

46 我妻・有泉・清水・田山・前掲注44、1252頁。「賃借人は、契約が終了したら、目的物を返還するべき義務を負担するから、400条によって善良なる管理者の注意をもって目的物を保存する債務を負担する。本条（民法615条（筆者追記））の定めるところは、いわば賃借人のこの一般的債務の一内容ともみることができる。」との指摘がされています。

債務も当然に消滅するとした判例があります[47]。

(15) 禁止又は制限される行為（第15条）

賃貸借契約における禁止行為を定めた条項になります。

書式の第1号ないし第3号は賃借権の無断譲渡、無断転貸を定めたものです。賃貸借契約は一定期間継続される契約であるため、当事者の信頼関係が契約の基礎になっています。もっとも、資力や性質がまったくわからない第三者が使用収益するとなれば信頼関係はないに等しい状態といえます。したがって、民法上、賃貸借契約の解除事由とされています（612条1項）。

また、書式の第4号以下についても、目的物の保全の観点から必要に応じて禁止行為ないし制限行為と定めておくことで、賃貸借契約の解除原因とすることができます。

(16) 反社会的勢力の排除（第16条）

反社会勢力の排除という観点から設けられた規定です。反社会勢力やその関係者が当事者となった場合には、無催告で契約を解除できる無催告解除を規定しています。

(17) 中途解約（第17条）

契約の終了に関する規定となります。

賃借人が中途解約する場合、契約期間満了の6ヶ月前までに契約を終了する連絡を入れることにより契約を中途解約できるという規定です。契約期間を定めている場合、その期間は賃貸人は賃料収入を得られることが予測できることから、中途解約の時期に応じて、解約金を定めることも可能であり、それが書式の第2項の規定となっています。

---

[47] 最判昭和32年12月3日集民29号19頁

(18) 解除（第18条）

　賃貸借契約の解約に関する規定です。賃料等の未払いや用法遵守義務違反等の事由が発生した場合には、賃貸借契約を無催告解除できるという規定が書式の第1項になります。

　賃貸借契約は継続的信頼関係を基礎にした契約であることから、その信頼関係が破壊されたといえる場合に解除権が発生するとするのが判例の考え方になります[48]。

　賃料の不払が長期間続く場合や、無断転貸、資力の悪化などの事情が発生した場合には、信頼関係が破壊されたとして無催告での解除を認める合意がなされることがあり、書式の第1項はそれを定める規定です。

　なお、仮に無催告解除を定める条項がない場合や、無催告解除を認めるに足りる信頼関係の破壊が認められない場合であっても、一定期間、賃料の不払が続いている事実に着目し、解除をすることができる場合があります。具体的には、相当期間を設けて賃料を支払うよう催告し、相当期間内に支払がないことを理由に賃貸借契約を解除するという方法です。

(19) 原状回復（第19条）

　契約が終了した際の原状回復を定めた規定です。

　契約終了後、賃借人は契約時の状態まで原状回復した上で、目的物を賃貸人に返還する義務を負います。契約期間中、賃借人が造作を設置している場合、その造作についても賃借人の費用で撤去する必要があります。

(20) 造作買取請求権等（第20条）

　賃借人は目的物に造作を設置した場合に、その費用を賃貸人に請求することはできません。また、造作は基本的には撤去するのが前提です

---

[48] 最判昭和27年4月25日民集6巻4号451頁

が、目的物の価値を高めると判断すれば、賃貸人から買取りを申し出ることは可能です。

　例えば、部屋に空調設備を設置した場合、原状回復として契約終了時に空調設備を元に戻す必要がありますが、空調設備自体は建物の価値を高める設備になるため、賃貸人から空調設備を買い取ることを申し出ることが可能となります。

　なお、借地借家法33条1項により、賃借人側からも造作買取を請求することが可能です[49]。もっとも、原則は原状回復になるため、書式の第2項のような規定が定められた場合には、賃借人から造作買取請求をすることはできません。

(21) 損害賠償（第21条）

　賃借人の故意又は過失により賃貸人や第三者に損害を与えた場合には損害賠償を請求できるという一般的な規定です。

(22) 損害保険の付保（第22条）

　賃借人に対する損害保険への加入を義務づける規定です。

(23) 変更事項の届出（第23条）

　当事者の情報や資産関係に大きな変化を生じる場合には事前に通知をすることを規定する条項です。継続的信頼関係が基礎となっている契約であることから導かれる規定です。

(24) 契約締結費用の負担（第24条）

　契約にかかる費用負担を定める条項です。特に明記する必要はありませんが、費用が発生する場合には規定しておいたほうが、後の無用なトラブルの防止になります。

---

[49] 田山・澤野・野澤・前掲注43、207頁

（25）準拠法及び裁判管轄（第25条）

　当事者間で法的紛争に発展する場合の裁判所の管轄を規定する条項です。原則として相手方の住所地を管轄する裁判所が管轄となりますが、当事者の合意により別の裁判所を管轄とすることができます（専属的合意管轄）。

（26）協議条項（第26条）

　契約書に記載のないものについては、別途当事者で協議し解決するという一般規定です。

（27）物件目録

　賃貸目的物を表示するため、目録等により契約書に記載します。

　登記事項全部証明書に記載されている「所在」「家屋番号」「構造」「床面積」などを明示します。

システム開発
委託契約書

1 想定事例

　本章では、委託者XXX株式会社（甲）が、受託者YYY株式会社（乙）に対して、甲が使用する情報系システムの開発を業務委託するケースを想定しています。なお、開発期間としては1年未満程度の少〜中規模のシステムを想定しており、ソフトウェアの完成までを一括で請け負う一括契約方式を前提としています。

2 参考書式

システム開発委託

XXX株式会社（以下「甲」という。）及びYYY株式会社（以下「乙」という。）は、甲が乙に委託するシステム開発業務及びこれに付随する業務について、以下のとおり契約（以下「本契約」という。）を締結する。

第1条（定義）
　本契約中に用いられる以下の用語は、別段の定めのない限り、次の定義によるものとする。
　(1)「本件システム」とは、別紙に定める「対象システム」に定められたシステムをいう。
　(2)「本件業務」とは、乙が甲に対して提供する本件システムの開発にかかる作業であって、別紙に定める「作業範囲」（又はこれと同旨の項目）に定められた作業をいう。
　(3)「委託報酬」とは、本件業務の対価として甲から乙に対して支払われる報酬として、第8条に定める委託報酬をいう。

---

(4) 「本件資料」とは、本件業務の遂行過程で、甲が乙に対して提供した文書、図面、帳簿、マニュアル等（紙媒体によるもののほか、電子ファイル等が格納された電磁的記録媒体によるものも含む。）をいう。本件資料の複製物も本件資料に含む。

(5) 「本件ソフトウェア等」とは、本件業務の遂行のために、甲が乙に対して提供するソフトウェアその他備品等をいう。

(6) 「納入物」とは、本件業務の成果として、乙が甲に対して納入する文書、図面、プログラム等（紙媒体によるもののほか、電子ファイル等が格納された電磁的記録媒体によるものも含む。）として、第6条に定めるものをいう。

(7) 「第三者ソフトウェア」とは、第三者が権利を有するソフトウェアをいう。

第2条（契約の趣旨）

1　乙は、甲から委託された本件業務を、本契約に基づいて遂行する。

2　本件業務は、請負契約として提供されるものとする。

第3条（責任者及び業務従事者）

1　甲及び乙は、事前に書面により相手方に通知することにより、別紙に定める責任者を変更することができる。

2　甲及び乙の責任者は、本契約に定められた甲及び乙の義務の履行その他本件業務の遂行に必要な意思決定、指示、同意等をする権限及び責任を有する。

3　乙は、本件業務の遂行にかかる従業者（以下「業務従事者」という。）を選定する。

4　乙は、労働基準法、労働安全衛生法、労働者災害補償保険法、職業安定法その他の関係法令に基づいて、業務従事者に対する雇用主としての一切の責任を負うものとし、業務従事

者に対する本件業務遂行に関する指示、労務管理、安全衛生
管理等に関する一切の指揮命令を行うものとする。

5　乙は、業務従事者が甲の事業所等に立ち入るにあたり、甲の
防犯、秩序維持等に関する諸規則を当該業務従事者に遵守さ
せるものとする。

6　本条の定めにかかわらず、本契約で特に定めのない限り、以
下の事項については、本契約の締結権限を有する者によって
行われなければならない。

（1）本契約の締結、更改、変更にかかる事項

（2）本契約の全部又は一部の解除その他終了にかかる事項

第4条（協議会）

1　甲及び乙は、本件業務の円滑な遂行のため、進捗状況の把
握、未決定事項の解決等、必要事項を協議し、決定する目的
で協議会を開催するものとする。また、両者の合意により、
開催頻度、実施目的を変更することができる。

2　協議会の出席者は、甲及び乙の責任者又はその代行者、並び
に甲及び乙の責任者がそれぞれ指名した者とする。甲及び乙
は、相手方に対して、必要な担当者の出席を求めることがで
きる。

3　甲又は乙は、その協議により協議会の議事録作成者を選任す
る。議事録作成者は、協議会の議事録を作成し、当事者双方
の確認を得るものとする。

4　甲及び乙は、本条に定める協議会のほか、本件業務の遂行に
必要な会議体を定義し、開催することができる。

第5条（プロジェクト・マネジメント責任）

甲及び乙は、本件業務の円滑かつ適切な遂行のためには、乙の有
するシステム開発に関する技術及び知識の提供と、甲によるシステ
ム仕様書の早期かつ明確な確定が重要であり、甲及び乙の双方によ

る共同作業並びに各自の分担作業が必要されることを認識し、甲及び乙の双方による共同作業並びに各自の分担作業を誠実に実施するとともに、相手方の分担作業の実施に対して誠意をもって協力するものとする。

第6条（納入）

1　乙は甲に対し、下記に定める納期までに各業務を完成し、それぞれ定められた成果物（以下「納入物」という。）を検収依頼書（兼納品書）とともに納入する。

① 要件定義　　（納期）　令和●年●月●日
　　　　　　　　　（納入物）要件定義書
② 基本設計　　（納期）　令和●年●月●日
　　　　　　　　　（納入物）基本設計書
③ 詳細設計　　（納期）　令和●年●月●日
　　　　　　　　　（納入物）詳細設計書
④ コーディング（納期）　令和●年●月●日
　　　　　　　　　（納入物）本件システムのソースコード
⑤ 検証テスト　（納期）　令和●年●月●日
　　　　　　　　　（納入物）テストレポート

2　乙は、納入物の納入に際し、甲に対して必要な協力を要請できるものとし、甲は乙から協力を要請された場合には適時に、これに応じるものとする。

第7条（検収）

1　甲は、前条第1項各号に定める納入物を受領後、納入を受けた日から30日以内に、検査仕様書に基づいて検査し、当該仕様に合致するか検査する。

2　甲は、納入物が前項の検査に適合する場合、検査合格書に記名押印の上、乙に交付する。また、甲は、前項の検査に合格しないと判断する場合、乙に対し、検査に合格しない理由を

記載した書面を交付し、修正又は追完（以下「履行の追完」という。）を求めることができる。

3　乙は、前項の不合格理由が認められるときは、両当事者で協議した期間内に無償にて履行の追完をし、甲に対し、納入するものとする。甲は、必要な範囲内で、第1項の検査を再度実施する。

4　再納入後の手続については、第2項以下に従う。

5　第1項の検査期間内に甲が異議を述べないときは検査に合格したものとみなす。

6　本条所定の検査が合格したことをもって、納入物の検収完了とし、納入物の引渡しが完了したこととする。

第8条（委託報酬[50]）

　甲は乙に対して、本件業務の対価として、それぞれの納入物の検収合格後10営業日以内に以下のとおり委託報酬を支払うものとする。

　　　①　要件定義　　　（納入物）要件定義書
　　　　　　　　　　　　　　　　金●円（消費税込み）
　　　②　基本設計　　　（納入物）基本設計書
　　　　　　　　　　　　　　　　金●円（消費税込み）
　　　③　詳細設計　　　（納入物）詳細設計書
　　　　　　　　　　　　　　　　金●円（消費税込み）
　　　④　コーディング　（納入物）本件システムのソースコード
　　　　　　　　　　　　　　　　金●円（消費税込み）
　　　⑤　検証テスト　　（納入物）テストレポート
　　　　　　　　　　　　　　　　金●円（消費税込み）

---

[50] 注文者が受ける利益の割合に応じた報酬請求権（634条）

第9条（費用）

1　乙は、甲に対し、委託報酬のほか、本件業務の遂行に必要がある出張に伴う交通費、宿泊費その他の費用を請求することができる。

2　前項の費用の支払方法については、甲と乙の間で別途定めるところに従う。

第10条（契約不適合の場合の履行の追完義務等[51, 52]）

1　検収完了後、本件システムが本契約の内容に適合しないこと（仕様書との不一致のほか、バグ、その他当然有すべき品質を欠いていることをいい、以下「本件不適合」という。）が発見された場合、甲は乙に対して、本件不適合について履行の追完を請求することができる。

2　乙が本条に定める責任その他の契約不適合責任を負うのは、甲が本件不適合を発見した時から1年以内に書面により通知した場合に限るものとする。ただし、検収完了時において、乙が本件不適合を知り、又は重大な過失によって知らなかったときは、適用しない。

第11条（第三者ソフトウェアの利用）

1　甲又は乙は、本件業務遂行の過程において、システム機能の実現のために、第三者ソフトウェアを本件システムに組み込んで利用することができる。

2　前項に基づいて第三者ソフトウェアを利用する場合、乙は、甲に対し、当該第三者ソフトウェアの機能、特徴を調査し、甲に対し、その採否の判断を求めるものとする。甲は、甲の費用において、甲と当該第三者との間で当該第三者ソフト

---

[51] 仕事の目的物が契約の内容に適合しない場合の請負人の担保責任（559条・562条以下）
[52] 請負契約における契約不適合責任の権利行使期間の制限（637条）

ウェアのライセンス契約及び保守契約の締結等、必要な措置
を講ずるものとする。

第12条（納入物の所有権）

1　乙が本契約に基づいて甲に納入する納入物の所有権は、検収
　の完了した時に、乙から甲へ移転する。

2　納入物の滅失、毀損等の危険負担[53]は、納入前については乙
　が、納入後については甲が、それぞれ負担する。

第13条（資料の提供・管理）

1　乙は、甲に対し、本件業務の遂行に必要な資料等について、
　開示を求める場合がある。甲が資料等の提供を拒み、若しく
　は遅延したことにより、又は当該資料等の内容に誤りがあっ
　たことにより生じた本件業務の履行遅滞等の結果について、
　乙は一切の責任を負わないものとする。

2　乙は、本件資料を善良な管理者による注意をもって保管管理
　するものとする。

3　乙は、本件資料を、本件業務の遂行目的以外の目的で使用し
　てはならない。

4　乙は、本件業務が終了したときは、すみやかに本件資料を甲
　の指示に従って返還又は廃棄する。

第14条（秘密保持）

1　本契約において、「秘密情報」とは、文書、口語その他方法
　の如何を問わず、いずれかの当事者より他方当事者に対し本
　件業務に関連して開示されたすべての技術上及び営業上の資
　料・図書、知識、データ、個人情報、ノウハウその他一切の
　情報を意味するものとし、また、本契約の内容も秘密情報と

---

[53] 債務者主義（536条）。

して取扱うものとする。ただし、次のいずれかに該当するものについては、秘密情報から除外されるものとする。

(1) 相手方から開示を受ける前に、既に自己が保有していたもの

(2) 相手方から開示を受ける前に、既に公知又は公用となっていたもの

(3) 相手方から開示を受けた後に、自己の責によらずに公知又は公用となったもの

(4) 正当な権限を有する第三者から秘密保持義務を負うことなく適法に入手したもの

(5) 相手方から開示を受けた情報によらず、自己が独自に開発したもの

2　甲及び乙は、秘密情報について厳に秘密を保持し、相手方当事者の文書による事前の承諾なくして第三者にこれを開示又は漏洩してはならず、また、秘密情報を自ら又は第三者の利益のために使用してはならないものとする。

第15条（個人情報の取扱い）

1　乙は、個人情報の保護に関する法律（以下「個人情報保護法」という。）に定める個人情報のうち、本件業務遂行に際して甲から取扱いを委託された個人データ（個人情報保護法第2条第6項に規定する個人データをいう。以下同じ。）及び本件業務遂行のため甲乙間で個人データと同等の安全管理措置（個人情報保護法第20条に規定する安全管理措置をいう。）を講ずることについて甲乙間で別途合意した個人情報（以下、あわせて「個人情報」という。）を第三者に漏洩してはならない。なお、甲は、個人情報を乙に提示する際にはその旨明示するものとする。また、甲は、甲の有する個人情報を乙に提供する場合、本件業務遂行上必要最小限度にとどめ、個人が特定できないよう加工した上で提供するよう努め

るものとする。

2　乙は、個人情報の管理に必要な措置を講ずるものとする。

3　乙は、個人情報を本契約の目的の範囲でのみ使用し、本契約の目的の範囲を超える複製、改変が必要なときは、事前に甲から書面による承諾を受けるものとする。

4　第17条にかかわらず、乙は、甲より委託を受けた個人情報の取扱いについて、甲の事前の書面による承諾なくして第三者に再委託してはならない。甲の承諾を得て再委託する場合であっても、乙は、乙の責任において、再委託先に対して本契約に基づき乙が負担する義務と同等の義務を課すとともに、必要かつ適切な監督を行わなければならない。

第16条（本件ソフトウェア等その他備品の提供）

1　甲は、本件業務の遂行に必要な範囲で、乙に対し、本件ソフトウェア等その他備品を提供するものとする。

2　乙は、甲から本件ソフトウェア等その他備品を提供されたときは、すみやかにこれを確認し、異常が認められるときはただちに甲に対してその旨を通知する。甲は、異常を発見したときは、異常のない本件ソフトウェア等その他備品を提供しなければならない。

3　乙は、本件ソフトウェア等を、本件業務の遂行目的の限度で使用することができる。

4　乙は、前項のほか、本件ソフトウェア等の使用にあたり、甲の指示に従わなければならない。

5　本件ソフトウェア等が提供されることにより、甲から乙に対し、別段の合意がない限り、何らの権利の譲渡又は権利の許諾がなされるものではないことを確認する。

第17条（再委託）

乙は、事前に甲から書面による承諾を得ることにより、本件業務

の全部又は一部を第三者に再委託することができる。

第18条（納入物等の著作権）

1　納入物に関する著作権（著作権法第27条及び第28条の権利を含む。以下同じ。）は、すべて乙又は乙に利用を許諾した者に帰属するものとする。

2　乙は、甲に対し、納入物に含まれる著作物に関し、本件システムの甲社内における使用に必要な限度で、利用を許諾する。利用許諾の条件は、別途締結するソフトウェア使用許諾契約において定める。

第19条（納入物の特許権等）

1　本件業務遂行の過程で生じた発明、考案その他の知的財産又はノウハウ等（以下あわせて「発明等」という。）にかかる知的財産権（特許その他の知的財産権を受ける権利を含む。ただし、著作権は除く。以下、本条において同じ。）、ノウハウ等に関する権利（以下、知的財産権、ノウハウ等に関する権利を総称して「特許権等」という。）は、当該発明等を行った者が属する当事者に帰属する。

2　甲乙が共同で行った発明等から生じた特許権等については、甲及び乙の共有とし、持分割合は各当事者の寄与度を考慮して協議する。

3　前項の協議が整わない場合、持分割合は均等と推定する。

4　甲及び乙は、甲と乙の共有にかかる特許権等につき、その持分割合にかかわらず、それぞれ相手方の同意及び相手方への対価の支払なしに自ら実施し、又は第三者に対し実施の許諾をなすことができる。

第20条（知的財産権侵害の責任）

1　甲は、納入物に関し、第三者から知的財産権（特許権、実用

新案権、意匠権、商標権、著作権をいう。以下、本条において同じ。）の侵害の申立（警告、訴訟の提起を含む。以下同じ。）を受けたときは、すみやかに乙に対し申立の事実及び内容を通知するものとする。

2　前項の場合において、乙は、甲が第三者との交渉又は訴訟の遂行に関し、乙に実質的な参加の機会及び決定の権限を与え、必要な援助を行ったときは、甲が支払うべきとされた損害賠償額を負担する。ただし、以下の各号に掲げる場合は、乙は賠償の責めを負わないものとする。

　(1)　甲が、納入物を変更し、又は納入物がプログラムである場合において、乙の指定した稼働環境以外の環境でこれを使用したことによって第三者の知的財産権の侵害が生じたとき

　(2)　納入物を、乙以外の者が提供した製品、データ、装置又はビジネス手法とともに結合、操作又は使用した場合で、それらの製品、データ、装置又はビジネス手法に起因して損害が生じたとき

3　乙の責めに帰すべき事由による知的財産権の侵害を理由として納入物の将来に向けての使用が不可能となるおそれがある場合、乙は、(i) 権利侵害のない他の納入物との交換、(ii) 権利侵害している部分の変更、(iii) 継続使用のための実施又は利用権の取得のいずれかの措置を講ずることができるものとする。

第21条（変更管理）

1　甲は、本件業務の遂行中、乙指定の変更要求管理票を乙に提出することによって、仕様の変更を要請することができる。

2　乙は、甲から変更要求管理票を受領して10営業日以内に、変更要請に関する調査を行い、変更の可否、及び変更が本件業務に及ぼす影響を、日程及び料金の明細とともに甲に通知

するものとする。なお、変更要請に関する調査そのものに相当な作業を要する場合、乙は、甲に当該作業にかかる報酬及び費用を別途請求することができる。

3　甲は、乙から前項に基づく通知を受けて5営業日以内に、変更要請に従った変更を実施するか否かについて、書面で乙に通知するものとする。甲からかかる通知がない場合には、変更は実施されないものとする。

4　前項に基づき、甲が変更を実施する旨の通知をした場合は、甲乙双方の責任者が、変更要求管理票の記載事項（なお、協議の結果、変更がある場合は変更後の記載事項とする。以下同じ。）を承認の上、記名押印するものとし、当該承認をもって、変更が確定するものとする。但し、当該変更が本契約の条件に影響を及ぼす場合は、甲及び乙は、すみやかに変更要求管理票に従い、第27条（契約の変更）に基づき本契約を変更するものとし、本契約が変更されたときをもって、変更が確定するものとする。

5　変更が確定するまでの間は、引き続き既存の計画に従って本件業務が行われるものとする。

第22条（解除）

1　甲及び乙は、相手方に以下の各号の一に該当したときは、直ちに書面にて通知することにより、本契約の全部又は一部を解除することができる。

（1）重要な財産に対する差押、仮差押、仮処分、租税延滞処分、その他公権力の処分を受け、あるいは破産手続開始[54]、民事再生手続開始、会社更生手続開始、又は特別清算開始の申立が行われたとき

（2）解散あるいは事業の全部を譲渡し、又はその決議がなさ

---

[54] 注文者の破産手続開始決定と請負人の解除の制限（642条1項但書）

れたとき

（3）主要な株主の変更、事業譲渡・合併・会社分割等の組織再編、その他会社の支配に重要な影響を及ぼす事実が生じたとき

（4）自ら振り出し若しくは引き受けた手形又は小切手が不渡りとなる等支払停止状態に至ったとき

（5）監督官庁から営業停止、又は営業免許若しくは営業登録の取消しの処分を受けたとき

（6）第25条に違反することが判明したとき

（7）前各号の他、本契約を継続しがたい重大な事由が生じたとき

2　甲及び乙は、相手方が本契約のいずれかの条項に違反し、当該違反について、書面による催告をしたにもかかわらず、14日以内にこれを是正しないときは、本契約の全部又は一部を解除することができる。

3　前各項による解除が行われたときは、解除を行った当事者は、相手方当事者に対し、損害賠償を請求することができる。また、解除された当事者は、当然に期限の利益を喪失し、相手方に対して負担する債務をただちに弁済しなければならない。

第23条（損害賠償）

甲又は乙は、本件業務の遂行過程において、故意又は過失により相手方に損害を与えたときには、それにより被った損害を賠償しなければならない。ただし、当該損害賠償は、故意又は重大な過失によって損害を与えた場合を除き、請求原因の如何を問わず、直接かつ現実に生じた通常の損害に限られるものとし、本契約に基づく委託報酬の額を上限とする。

第24条（労働者派遣との関係）

甲及び乙は、本契約に基づき行う本件業務の着手から終了に至るすべてにおいて、甲乙間に労働者派遣事業の適正な運営の確保及び派遣労働者の保護等に関する法律（昭和60年法律第88号、その後の改正を含む。）に規定される派遣先と派遣元事業主としてのいかなる関係も存在しないことを確認するものとする。

第25条（反社会的勢力の排除）
1　甲及び乙は、それぞれ相手方に対して、次の各号について表明し保証する。
　(1)　自らが、暴力団、暴力団員、暴力団員でなくなった時から5年を経過しない者、暴力団準構成員、暴力団関係企業、総会屋、社会運動等標ぼうゴロ、特殊知能暴力集団その他これらに準ずる者（以下総称して「反社会的勢力」という。）ではないこと
　(2)　反社会的勢力と次の関係を有していないこと
　　①　自ら若しくは第三者の不正の利益を図る目的、又は第三者に損害を与える目的をもって反社会的勢力を利用していると認められる関係
　　②　反社会的勢力に対して資金等を提供し、又は便宜を供与するなど反社会的勢力の維持、運営に協力し、又は関与している関係
　(3)　自らの役員（取締役、執行役、執行役員、監査役、相談役、会長その他、名称のいかんを問わず、経営に実質的に関与している者をいう。）が反社会的勢力ではないこと、及び反社会的勢力と社会的に非難されるべき関係を有していないこと
　(4)　反社会的勢力に自己の名義を利用させ、本契約を締結するものではないこと
　(5)　自ら又は第三者を利用して本契約に関して次の行為をしないこと

① 暴力的な要求行為

② 法的な責任を超えた不当な要求行為

③ 取引に関して、脅迫的な言動をし、又は暴力を用いる行為

④ 風説を流布し、偽計又は威力を用いて相手方の業務を妨害し、又は信用を毀損する行為

⑤ その他前各号に準ずる行為

2　第22条第1項第6号の規定により本契約が解除された場合には、解除された者は、解除により生じる損害について、その相手方に対して一切の請求を行わない。

第26条（完全合意）

　本契約は、甲乙間の本件業務に関する唯一かつ全部の合意をなすものであり、本契約に特段の定めがある場合を除き、従前の乙が甲に対して提出した提案書その他の書面、電子メール等に記載された内容並びに口頭での合意が甲又は乙の権利又は義務にならないことを相互に確認する。

第27条（契約の変更）

　本契約は、甲乙の代表者が記名捺印した書面をもって合意した場合に限り、その内容を変更することができる。

第28条（権利義務の譲渡の禁止）

　甲及び乙は、相手方の書面による事前の承諾がなければ、本契約に基づく自己の権利又は義務を第三者に対して譲渡若しくは承継させ、又は担保に供することができない。

第29条（準拠法及び裁判管轄）

1　本契約の準拠法は日本法とする。

2　本契約に関する紛争等について協議により解決することがで

きない場合、東京地方裁判所を第一審の専属的合意管轄裁判所とするものとする。

第30条（協議条項）

本契約の解釈その他の事項につき生じた疑義及び本契約に規定のない事項については、甲及び乙双方が誠意をもって協議の上、解決するものとする。

本契約の成立を証するため本契約書を2通作成し、甲乙各記名押印の上、各1通を保有する。

●年●月●日

	所在地	○○○○
甲	会社名	XXX株式会社
	代表者氏名	●●●●

	所在地	○○○○
乙	会社名	YYY株式会社
	代表者氏名	●●●●

3 システム開発契約の概要

システム開発契約とは、顧客（ユーザ）の委託を受けて、受託者（ベンダ）であるシステム開発会社等がその業務内容を分析し、顧客のニーズに合わせたシステムの企画、構築、運用等を行い、顧客から報酬を受ける契約をいいます。「システム開発契約」が独立の契約類型として存在しているわけではなく、業務委託契約として締結されることが通常であり、その法的性質は、契約内容の実体に応じて準委任契約又は請負契

約に該当します。システム開発は、着手から完成までに数か月から数年の長期間を要することが少なくなく、また、ユーザの要望するシステムをテーラーメードで開発する場合、ユーザとベンダは、契約締結時のみならず、完成まで常に交渉・協力しながら進めていく必要があります。そのため、システム開発契約の形態として、開発対象となるシステムの規模の大小等に応じて、システムの完成までを一括で請け負う構成（一括契約方式）と、複数の工程に分けて工程ごとに個別契約を締結する構成（多段階契約方式）が行われており、現在は、大型開発案件では多段階契約方式を採用することが一般的です。

4 実務上のチェックポイント

☐ 民法改正による請負契約への主な影響
　① 仕事が可分の場合、注文者が受ける利益の割合に応じた報酬請求可
　② 請負契約独自の担保責任の行使要件の削除と売買契約における契約不適合責任の準用
　③ 建物その他の土地の工作物を目的物とする請負契約の解除可
　④ 仕事の目的物が契約内容に適合しない場合の注文者の権利の期間制限の緩和
☐ 一括契約方式・多段階契約方式いずれを採用するか
☐ 委託する業務の内容・範囲は明確か
☐ 個人情報等の授受を伴う場合、個人情報保護法への対応
☐ 「偽装請負」への対応

5 各条項の留意点

(1) 定義（第1条）

　本条では、ユーザ、ベンダ、その他本契約に関係する第三者に誤解が生じないよう、本契約で使用する用語を定義しています。情報システムやソフトウェア開発に関連する専門用語の多くは明確な定義が存在しておらず、また同一の概念を異なる用語で表す場合も多く、これがユーザ・ベンダ間の共通認識の形成の妨げになっていることから、契約書の冒頭で主要な用語については定義しておくことが重要となります。

(2) 契約の趣旨（第2条）

　前記のとおり、システム開発契約には、開発のすべての工程を一括で受託者が請け負う一括契約方式と、開発工程ごとに甲・受託者間で個別契約を締結する多段階契約方式とがありますが、一括契約方式の場合、すべての工程を請負契約として締結することになります。本条項では、契約締結の目的を規定するとともに、事後的に請負か準委任かの解釈をめぐって紛争が生じないよう、契約書上で請負契約としての性質である旨明記しています。

　なお、準委任契約と請負契約とでは、主に以下の点で相違が生じることとなります。

【準委任契約と請負契約の主な相違点】

	準委任契約	請負契約
受託者の義務	委任された事務の履行 （656条・643条）	目的物の完成 （632条）
再委託	原則不可（644条の2第1項）	とくに定めなし

報酬請求権	契約に従う ▷業務量に応じた報酬の受取可 ▷仕事の完成（システム開発）が失敗しても報酬支払義務あり	仕事の完成（システム開発）がない限り報酬請求権なし（633条本文）
担保責任	なし	あり（559条・562条以下）
解除	債務不履行解除	債務不履行解除、契約不適合責任に基づく解除
任意解除 （解約）	両当事者はいつでも解除できる（651条1項。ただし、損害賠償について同条2項）	注文者は、完成前はいつでも損害を賠償して解除できる（641条）
解除の遡及効	なし	あり

(3) プロジェクト・マネジメント責任（第5条）

　システム開発は、甲であるユーザと、受託者であるベンダの協働作業によって進めていくべきものであり、裁判例上、ベンダがプロジェクト・マネジメント義務を負う一方、ユーザは協力義務を負うものと理解されています[55]。

　プロジェクト・マネジメント義務とは、①契約書及び提案書において提示した開発手順や開発手法、作業工程などにしたがって開発作業を進めるとともに、常に進捗状況を管理し、開発作業を阻害する要因の発見に努め、これに適切に対処すべき義務（進捗管理・阻害要因対処義務）、及び②注文者であるユーザのシステム開発へのかかわりについても適切に管理し、システム開発について専門的知識を有しないユーザによって開発作業を阻害する行為がされることのないようユーザに働きかける義務（発注者管理義務）をいいます。ベンダがこのプロジェクト・マネジメント義務に違反すると、システム開発が中止された場合に、ユーザから債務不履行や不法行為に基づく損害賠償請求をなされるおそ

---

[55] 東京地裁平成16年3月10日判夕1211号129頁、東京高判平成25年9月26日金商1428号16頁（スルガ銀行事件）。

れがあります。

　これに対して、ユーザの協力義務とは、システムの開発過程におい
て、ベンダから求めに応じて必要な協力を行うべき義務をいいます。
ユーザがこの協力義務に違反すると、ベンダが損害賠償責任を負う場合
であっても、過失相殺により損害賠償額が減額され、また、ユーザが危
険を負担し、システムが完成しなかったとしてもベンダへの報酬支払債
務が存続する可能性があります。

　このようなベンダのプロジェクト・マネジメント義務及びユーザの協
力義務は、システム開発契約に付随する義務として一般的に認められて
おり、契約書に記載することが必須とはいえません。もっとも、現場の
メンバーに対して、このような義務が発生することを明確化させ、行動
規範として機能させるべく、雛形のように契約書に明記することが望ま
しいといえます。

(4) 報酬（第8条）

　民法においては、仕事の全部が完成しなかったとしても、①注文者の
責に帰することができない事由によって仕事を完成することができなく
なったとき又は請負が仕事の完成前に解除されたとき、②仕事の結果が
可分であって、③既にした仕事の結果のうち可分な部分の給付によって
注文者が利益を受けるときは、既履行部分について仕事が完成したもの
とみなして請負人の報酬請求権を認めることとしています（634条）[56]。

　民法634条を踏まえ、請負人であるベンダとしては、仕事が未完成で
契約が終了しても中途まで完成した仕事の結果に応じた報酬請求をしや
すいよう、契約書上も報酬及び支払時期を作業工程の段階ごとに分けて
規定するなどの工夫を行うことが望ましいといえます。

---

[56] 請負契約は仕事の完成を目的とする契約であり、旧民法においては、請負人が発注者に対して報
酬を請求するためには、原則として仕事を最後まで完成させなければならないこととされていま
した。なお、仕事の大半が完成しているにもかかわらず、最後まで完成させない限り一切報酬を
請求できないというのでは請負人に酷であること等から、旧法下においても、判例は一定の場合
には仕事が最後まで完成していなくても既に終えた仕事について請負人の報酬請求を認めていま
した（最判昭和56年2月17日集民132号129頁）。

(5) 契約不適合の場合の履行の追完義務等（第10条）

　請負契約の担保責任については売買における担保責任の規定が請負契約を含む他の有償契約に準用されます（559条・562条以下）[57]。

　また、請負人が種類又は品質に関して契約の内容に適合しない仕事の目的物を注文者に引き渡した場合において、注文者がその不適合を知った時から1年以内にその旨を請負人に通知しないときは、注文者は、その不適合を理由として履行の追完請求、損害賠償請求又は解除をすることができないとしています（637条1項）。

　ただし、仕事の目的物を注文者に引き渡した時（その引渡しを要しない場合にあっては、仕事を終了した時）において、請負人が同項の不適合を知り、又は重大な過失によって知らなかったときは、例外的に注文者の履行の追完請求、損害賠償請求又は解除をすることができるとされています（同条2項）。

　さらに、注文者が請負人に対して担保責任を追及するためには、「注文者がその不適合を知った時から1年以内にその旨を通知」することで足りるものとされており、権利行使までは不要とされています[58]。「通知」の意義については商法526条2項における「通知」と同様[59]、目的物に瑕疵や数量不足があったことだけを通知したのでは不十分であるものの、瑕疵の種類と瑕疵の大体の範囲を通知すれば足り、その細目までは通知する必要がないものと解されています。

---

[57] なお、旧民法634条1項本文は、仕事の目的物に瑕疵がある場合に、注文者が請負人に対して瑕疵修補請求ができる旨規定していますが、現行民法においては、「瑕疵」という用語が削除されました。また、旧634条1項但書は、請負契約独自の要件として、瑕疵が重要でなく、かつ、修補に過分の費用を要する場合には、瑕疵修補請求はできない旨規定していましたが、改正によってこの但書も削除となりました。

[58] 旧民法637条1項は、仕事の目的物に瑕疵がある場合において瑕疵修補請求、損害賠償請求又は解除を請求できる期間について、「仕事の目的物を引渡した時から1年以内」と規定していました。これに対して、現行民法636条・637条1項は、「注文者がその不適合を知った時から1年以内」へと起算点を変更しています。そして、「不適合を知った時」の解釈について、旧564条の「知った時」に関する判例（最判平成13年2月22日判時1745号85頁）を参考に、注文者が請負人に対して担保責任を追及しうる程度に確実な事実関係を認識したことを要するものと解されています。

[59] 大判大正11年4月1日民集1巻155頁。

(6) 第三者ソフトウェアの利用（第11条）

　システム開発にあたり、第三者が権利を有するソフトウェアを利用する事態が想定されるところ、本条項は、第三者ソフトウェアの使用に関して必要なライセンス契約等の締結の主体等を規定しています。

　なお、経産省モデル契約47条において、ベンダが主体となって第三者ソフトウェアの利用を判断するA案と、発注者が主体となって判断するB案とが掲載されており、本条項の文言を検討するにあたり参考となるものと思われます。

(7) 納入物の所有権（第12条）

　危険負担に関する留意事項については、**第6章5（6）** をご参照ください。

(8) 個人情報の取扱い（第15条）

　コンサルティング業務委託契約やシステム開発委託契約など、個人データの取扱いの全部又は一部の委託が予定されている契約においては、個人情報の取扱いに関する条項が規定される場合が一般的であり、場合によっては、別途、個人情報の取扱いに関する書面を取り交わすこともあります。

　この点、個人情報の保護に関するルールを定めた「個人情報の保護に関する法律」（以下「個人情報保護法」）が平成27年に改正され、平成29年5月30日より全面施行されることに伴い、これら個人情報の取扱いに関する条項や書面等にも大きな影響を与えることとなりました。

　個人情報保護法とは、個人の権利・利益の保護と個人情報の有用性とのバランスを図るための法律であり、主に個人情報を取り扱う民間事業者の遵守すべき義務等を定める法律です[60]。個人情報保護法は、情報化

第10章　システム開発委託契約書

---

[60] ただし、「基本理念」（個人情報保護法、3条）、「国及び地方公共団体の責務」（同法第2章）、「個人情報の保護に関する施策等」（同法第3章）については、国の行政機関、独立強制法人等、地方公共団体にも適用されます。

の急速な進展により、個人の権利利益の侵害の危険性が高まったこと、国際的な法制定の動向等を受けて、平成15年5月に公布され、平成17年4月に全面施行されました。その後、情報通信技術の発展や事業活動のグローバル化等の急速な環境変化により、個人情報保護法が制定された当初は想定されなかったようなパーソナルデータの利活用が可能となったことを踏まえ、「定義の明確化」「個人情報の適正な活用・流通の確保」「グローバル化への対応」等を目的として、平成27年9月に改正個人情報保護法の改正が公布され、平成28年1月1日に個人情報の保護に関する独立した機関としての個人情報保護委員会が設置されるとともに、平成29年5月30日より全面施行されました。

なお、行政機関における個人情報の取扱いについては、「行政機関の保有する個人情報の保護に関する法律」（平成15年法律第58号、行政機関個人情報保護法）により、独立行政法人等における個人情報の取扱いについては、「独立行政法人等の保有する個人情報の保護に関する法律」（平成15年法律第59号、独立行政法人等個人情報保護法）により規律されています。また、都道府県庁や市町村役場、教育委員会、公立学校、公立病院等における個人情報の取扱いについては、各地方公共団体が策定する個人情報保護条例が規律しています。

これら個人情報の保護に関する法令等に加えて、個人情報保護委員会より、当該法令等の具体的な解釈指針及び事業者が実施することがより望ましいと考えられる事項を整理したガイドライン及びQ&A等が定められています。

個人情報保護委員会作成「個人情報の保護に関する法律についてのガイドライン（通則編）」[61]（2016年11月〔2021年1部改正〕）（以下「個人情報保護法ガイドライン（通則編）」といいます。）では、取扱いを委託する個人データの内容を踏まえ、個人データが漏洩等した場合に本人が被る権利利益の侵害の大きさを考慮し、委託する事業の規模及び性質、個人データの取扱状況等に起因するリスクに応じて、以下の①ないし③

---

[61] https://www.ppc.go.jp/personalinfo/legal/2009_guidelines_tsusoku/

に掲げる必要かつ適切な措置を講じなければならないとされています（個人情報保護法ガイドライン（通則編）3-3-4）。

---

① 適切な委託先の選定
② 委託契約の内容
③ 委託先における個人データ取扱状況の把握

---

(9) 再委託（第17条）

　システム開発契約は業務委託契約の一類型ですが、ベンダの能力を信頼して開発を委託することが通常です。しかしながら、受託者が甲に無断で第三者に再委託できるとすると、発注者が期待していた能力を有していない第三者に業務を委ねる結果となるおそれがありますし、第三者がどのような業務を行っているか、直接モニタリングできなくなり、不測のトラブルを招くおそれがあります。他方で、システム開発には通常、多大な時間とコストを要し、ベンダのみでは開発は困難であることから、必要に応じて外部業者の協力を得られるよう調整する必要があります。

(10) 納入物等の著作権（第18条）

　請負人であるベンダによるシステム開発の過程で発注者に納入される納入物が著作物として認められる場合、当該納入物の著作権は原則として実際に開発したベンダに帰属します。また、ベンダが下請業者等に開発を再委託していた場合、発注者が当該納入物の納入を受けたとしても、後に受託者又は下請業者から著作権を行使されるリスクが残ります。そのため、契約書において、ベンダ又は下請業者からの納入物に係る著作権について、発注者に対して当該著作権の処理方法（発注者に対して譲渡又は利用を許諾するのか）、著作者人格権の行使・不行使に関する定めの要否、下請業者に対する制約の要否等を検討する必要があります。なお、このような成果物の著作権の取扱いについては、経産省モ

デル契約45条が参考になります。

(11) 知的財産権侵害の責任（第20条）

本条項は、納入物であるシステム等が、第三者の著作権や特許権等を侵害した場合の受託者の責任等を規定しています。経産省モデル契約第47条では、発注者が第三者に対して支払うこととなった損害賠償額等を受託者が負担することとした場合（A案）、発注者主導で紛争解決の対応をする場合（B案）について規定しており、いずれか一方当事者に有利な内容とする場合に参考となるものといえます。

(12) 解除（第22条）

解除条項に関する留意事項については**第6章5（14）**をご参照ください。

(13) 損害賠償（第23条）

損害賠償条項に関する留意事項については**第6章5（13）**をご参照ください。

(14) 労働者派遣との関係（第24条）

業務委託には、受託者に仕事の完成を請け負わせる請負契約としての実質を有する場合と、受託者に一定の事務の処理を委託する準委任契約としての実質を有する場合とがありますが、いずれの場合も、受託者又は受託者が雇用する従業員の労働力を甲が利用するという点で、労働者派遣に類似する実態があるものといえます。

「労働者派遣」とは、「自己の雇用する労働者を、当該雇用関係の下に、かつ、他人の指揮命令を受けて、当該他人のために労働に従事させることをいい、当該他人に対し当該労働者を当該他人に雇用させることを約してするものを含まないものとする」（労働者派遣事業の適正な運営の確保及び派遣労働者の保護等に関する法律（昭和60年法律第88号）（以下「労働者派遣法」）2条1号）をいい、労働者派遣に該当する場合、

①派遣期間の制限（同法40条の2）、②派遣契約の書面化（同法26条1項）、③派遣先責任者の選任（同法41条）、④派遣先管理台帳の作成（同法42条）など、諸々の義務が課せられることとなります。これらの義務を回避するため、実態は労働者派遣であるにもかかわらず、形式的に業務処理請負（委託）を偽装して契約を締結することが、「偽装請負」として社会問題化しました。

　偽装請負として労働者派遣に該当するか否かは、業務処理の実態に鑑みて判断されますが、契約書上も発注者・ベンダの関係は労働者派遣に該当しない旨、注意的に規定しておくことが望ましいといえます。

第10章　システム開発委託契約書

IT 契約の様々な類型にキャッチアップする

　本書で取り上げたシステム開発委託契約をはじめとした IT 契約は、近年契約締結の頻度が高くなっています。システム保守委託契約・クラウドサービス利用・データ提供契約などは頻出ですが、その他にも様々な契約類型があります。

　IT 契約においては、IT 技術に関する専門的な概念に対する理解と、様々な裁判例をベースとした実務的知識が求められます。また、トラブルが発生した場合に、和解で手を打つのか、訴訟にするのかといった判断をする際には、これまでに蓄積された裁判例に対する理解が不可欠です。

　様々な IT 契約について、契約のレビューからトラブルシュートまで、IT 用語、法的概念、裁判例をキャッチアップしていく必要があります。

第 11 章

特許権譲渡契約書

1 想定事例

　本章では、譲渡人XXX株式会社（甲）が、譲受人YYY株式会社（乙）に対して、甲が保有する特許権を譲渡するケースを想定しています。

2 参考書式

特許権譲渡契約書

　譲渡人XXX株式会社（以下「甲」という。）及び譲受人YYY株式会社（以下「乙」という。）は、甲の保有する本件特許権（第1条に定める。）を甲が乙に譲渡することに関し、次のとおり契約（以下「本契約」という。）を締結する。

第1条（特許権の譲渡）
　甲は、甲の保有する下記の特許権（以下「本件特許権」という）を、第3条記載の対価を受領することと引き換えに、乙に譲渡するものとする。

記

　　　特許番号　　　［特許第●●●●●●●号］
　　　発明の名称　　［●●●●●●●●●●●●］

第2条（権利の移転時期）
　甲及び乙は、第3条に規定する対価の支払をもって、本件特許権が甲から乙に移転することに合意する。なお、甲及び乙は、第4条に規定する特許庁への移転登録手続が完了するまでの間、法律上有効に本件特許権が乙に移転されるものではないことをあらかじめ確

認し、合意する。

第3条（対価）

　乙は、第1条に定める本件特許権の譲渡の対価として、本契約締結の日より14日以内に金1000万円を、甲が指定する下記口座に振り込む方法により支払うものとする。なお、振込手数料は乙の負担とする。

記

　　　　　　　（銀行名）　　○○銀行○○支店
　　　　　　　（口座種別）　普通口座
　　　　　　　（口座番号）　○○○○○○○
　　　　　　　（口座名義）　○○○○○○○

第4条（移転登録手続）

1　本件特許権の特許庁への移転登録申請手続は、前条に定める対価の支払があった後、乙が行うものとし、甲は当該支払を確認後ただちに、譲渡証書その他本件特許権の移転登録に必要な書類及び本件特許権に関して甲が保管する出願書類一式を、甲乙が別途合意する場所において、乙に交付するものとする。

2　前項の手続に要する費用は、乙の負担とする。

第5条（甲の表明保証）

　甲は、乙に対して、本契約締結時点において、以下の事項を表明し、保証する。

（1）本件特許権が有効に存在しており、これを無効とする審決又は判決が存在していないこと

（2）本件特許権の無効理由を指摘又は示唆する、いかなる通知も第三者から受領していないこと

（3）本件特許権に関して、いかなる訴訟、審判、仲裁、調停その

他の手続も開始されていないこと

(4) 本契約に基づき本件特許権を乙に譲渡することについて、第三者との契約等の制限が存在していないこと

第6条（対価の不返還）

本件特許権に移転登録不能の瑕疵が存在しない限り、いかなる理由によっても、乙は甲に対して第3条記載の対価の返還を求めることはできず、甲は損害賠償義務その他一切の義務を負わないものとする。

第7（特許料）

1 乙は、本件特許権に関して、甲が既に支払った本契約締結日以降の特許登録料について、甲の請求により、第3条に定める口座に振り込む方法により甲に支払うものとする。

2 乙は、本件特許権の特許登録料について、甲が支払済みの年度以降については、乙の責任において支払うものとする。

第8条（訴訟協力）

本件特許権の有効性が問題になった場合、乙から書面による要請があれば、甲は、当該問題の解決に向けて誠実に乙に協力するものとする。

第9条（解除）

1 甲が第5条各号に定める表明保証の一にでも違反した場合には、乙は、甲に対して書面で通知をすることにより、何時にても、ただちに本契約を解除することができるものとする。

2 前項の定めにかかわらず、本契約の一方当事者が本契約上の義務に違反し、相手方当事者から当該違反を指摘する通知を受領した後30日を経過してもこれを是正しなかった場合、当該相手方当事者は当該一方当事者に対して書面で通知をす

ることにより本契約を解除することができる。

第10条（準拠法及び裁判管轄）
1　本契約の準拠法は日本法とする。
2　本契約に関する紛争等について協議により解決することができない場合、東京地方裁判所を第一審の専属的合意管轄裁判所とするものとする。

第11条（協議）
　本契約の解釈その他の事項につき生じた疑義及び本契約に規定のない事項については、甲及び乙双方が誠意をもって協議の上、解決するものとする。

　本契約の成立を証するため本契約書を2通作成し、甲乙各記名押印の上、各1通を保有する。

●年●月●日

		所在地	○○○○
甲	会社名	XXX株式会社
	代表者氏名	●●●●

		所在地	○○○○
乙	会社名	YYY株式会社
	代表者氏名	●●●●

3 特許権譲渡契約の概要

　特許権譲渡契約とは、売買等によって特許権を譲渡する際に譲渡人である特許権者と譲受人（新たに特許権者になる者）との間で譲渡の条件等を定める契約をいいます。特許権も財産権であるため、取引の対象となり自由に譲渡することができますが、売買のような特定承継については特許庁に備えられている特許原簿への登録が効力発生要件となります（特許法98条1項1号）。なお、旧法（大正10年法）においては、登録は不動産の場合と同様に対抗要件とされていましたが、現行法においては、権利関係を明確にして取引の安全を図るために効力発生要件とされています。

　また、譲渡の対象となっている特許権が共有に係るときは、民法上の共有と異なり、他の共有者の同意がなければ共有持分の譲渡はできないことに注意が必要です（特許法73条1項）。これは、特許権の共有者はそれぞれ経済的な競争相手であることが多く、特許権の共有者が変更することは、他の共有者の共有持分の経済的価値に悪影響を及ぼす可能性があるために、他の共有者の同意が必要とされているものです。ただし、当該規定は任意規定であり、契約によって修正することは可能であるため、契約によって修正されているかも含めて、譲渡する側から表明保証をしてもらうことが望ましいといえます。

4 実務上のチェックポイント

□　移転登録等に対する協力義務を定めているか
□　譲渡の対象となっている特許権が共有に係る場合、譲渡について法令又は契約上の制限が課せられていないか

5 各条項の留意点

(1) 特許権の譲渡（第1条）

　本条項では、譲渡の対象となる特許権を定義し、その内容を特定しています。特許権を対象とするのであれば、その特許番号で特定することが通常です。譲渡する権利の数が多い場合は、「別紙記載の特許権」などと定義し、具体的な特許番号等は別紙で列挙することとなります。

(2) 権利の移転時期等（第2条）

　特許権の移転時期について定める条項です。雛形では、譲受人からの対価の支払と同時に特許権が移転するものとして規定しています。なお、前記のとおり、特許権も財産権であるため取引の対象となり自由に譲渡することができますが、売買のような特定承継については特許庁に備えられている特許原簿への登録が効力発生要件となります（特許法98条1項1号）。そのため、本条項においても、特許庁への移転登録手続が完了するまでは譲受人に法的に有効に特許権が移転するものではないことを確認的に規定しています。

(3) 移転登録手続（第4条）

　特許権の譲渡に係る特許庁への移転登録申請手続に関する条項です。特許権の譲渡は特許原簿への登録が効力発生要件となるため、契約書上で譲渡人が保有する特許権を譲受人に対して譲渡する旨を規定しているだけでは法的に有効に特許権が移転することにはなりません。そのため、予防法務の観点からは、いつ、誰が、いずれの費用負担で移転登録申請を行うかを明確に規定しておくことが重要となります。

　雛形では、権利の移転時期等に関する第2条と平仄をあわせ、乙が譲渡の対価を支払った後、乙が移転登録申請を行い、手続に関する費用は乙が負担することとしています。

(4) 甲の表明保証（第5条）

　特許権の譲渡に関して、譲渡人甲から一定の時点における譲渡対象となっている特許権の有効性について表明保証させた条項です。

　表明保証条項に関する留意事項については**第8章5（3）**をご参照ください。

(5) 訴訟協力（第8条）

　本条は、特許権譲渡後に、当該特許の有効性が問題となった場合における譲渡人の協力義務を定めた条項です。

(6) 解除（第9条）

　解除条項に関する留意事項については、**第6章5（14）**をご参照ください。

第 **12** 章

特許権実施許諾契約書

1 想定事例

本章では、ライセンサーであるXXX株式会社（甲）が、ライセンシーであるYYY株式会社（乙）に対して、甲が保有する特許権の実施権を許諾するケースを想定しています。

2 参考書式

特許権実施許諾契約書

ライセンサーXXX株式会社（以下「甲」という。）及びライセンシーYYY株式会社（以下「乙」という。）は、甲が有する特許権について乙に実施権を許諾することに関して、以下のとおり契約（以下「本契約」という。）を締結する。

第1条（定義）

本契約においては、以下の定義が適用される。

(1)「本件特許権」とは、甲が所有する日本国特許第●●●号をいう。

(2)「特許発明」とは、本件特許権の明細書及び／又は図面に記載の本件特許権に係る発明をいう。

(3)「本件製品」とは、乙が日本国内で販売又はリースする製品のうち、特許発明を組み込んでいるものをいう。

(4)「技術情報」とは、特許発明の実施に有用な甲の技術知識・経験を伝達する可視的及び非可視的媒体・サービスのうち、本契約の期間中に乙に提供することができるものをいう。

(5)「販売価格」とは、本件製品の販売価格及びリース料の合計

（消費税を含む。）をいう。

第2条（実施許諾）

　甲は、本契約の期間中、本件特許権について乙に非独占的通常実施権（以下「本件通常実施権」という。）を許諾する。乙は、本件通常実施権に基づき、日本国内において本件製品の製造及び販売をすることができる。

第3条（他者に対する実施権の許諾）

　1　甲は、乙の同意を得ることなく、特許発明の実施を乙以外の者にも許諾できる。

　2　前項の場合、甲は、事前に乙にその旨書面により通知する。

第4条（再実施許諾の禁止）

　乙は、第三者に特許発明の実施を許諾することができない。

第5条（技術情報の提供）

　1　甲は乙に対し、本契約締結後●日以内に特許発明の実施に必要な技術情報を文書によって提供する。

　2　乙が前項以外に特許発明の実施に必要な技術情報の提供を望むときは、甲にその技術情報を提供するよう依頼できる。

　3　前2項に規定する技術情報の提供に要する費用は、乙が負担する。

第6条（実施料）

　乙は、甲に対して、本件特許権の実施権の対価として、総額金500万円（消費税込み）を、本契約締結日から7営業日以内に、甲の指定する口座に振り込む方法により支払うものとし、振込手数料は乙が負担するものとする。

第7条（実施料の不返還）

　本契約に基づき、乙から甲に支払われた実施料は、いかなる理由があっても返還されないものとする。ただし、誤計算その他誤記等により乙が実施料を過剰に支払っていた場合は、甲は乙に対してその差額を返還するものとし、この場合、差額に利息は付さないものとする。

第8条（特許保証）

　甲は、乙に対して、本件製品の製造、販売が第三者の権利を侵害しないことを保証する。ただし、本件特許権の実施が第三者の権利を侵害することにより、乙が損害を被った場合、甲が乙に対して支払う賠償額は、乙が甲に対して既に支払った実施料の総額を上限とする。

第9条（権利侵害への対応）

　甲及び乙は、本件特許権の侵害の事実又は侵害のおそれがあることを知ったときはただちに相手方当事者に通知し、甲乙協議の上、当該侵害を排除するための対応策を決定するものとする。

第10条（不争義務）

　乙が、本件特許権について自ら又は第三者をして特許無効審判を請求した場合には、甲は催告の上、本契約を解除することができるものとする。

第11条（改良）

　各当事者は、特許発明に基づく改良、発明、考案又は意匠に関して、日本国内で特許出願、実用新案登録出願又は意匠登録出願を行う場合には、速やかに相手方当事者に通知することに同意し、その結果生ずる特許権、実用新案権又は意匠権の使用許諾に関して相互に協議する。ただし、甲が開発した改良であって、乙が本件製品を

製造・販売するために必須のものについては、乙は甲に対して追加の実施料を支払うことなく、実施が許諾されているものとする。

第12条（表示）

乙は、乙が販売する本件製品に本件特許権の実施許諾を受けている旨の表示を付す場合には、甲の書面による事前の承諾を得なければならない。

第13条（秘密保持）

1　本契約において、「秘密情報」とは、文書、口語その他方法のいかんを問わず、いずれかの当事者より他方当事者に対し本契約に関連して開示されたすべての技術上及び営業上の資料・図書、知識、データ、個人情報、ノウハウその他一切の情報を意味するものとし、また、本契約の内容も秘密情報として取扱うものとする。ただし、次のいずれかに該当するものについては、秘密情報から除外されるものとする。

　(1)　相手方から開示を受ける前に、既に自己が保有していたもの

　(2)　相手方から開示を受ける前に、既に公知又は公用となっていたもの

　(3)　相手方から開示を受けた後に、自己の責によらずに公知又は公用となったもの

　(4)　正当な権限を有する第三者から秘密保持義務を負うことなく適法に入手したもの

　(5)　相手方から開示を受けた情報によらず、自己が独自に開発したもの

2　甲及び乙は、秘密情報について厳に秘密を保持し、相手方当事者の文書による事前の承諾なくして第三者にこれを開示又は漏洩してはならず、また、秘密情報を自ら又は第三者の利益のために使用してはならないものとする。

第14条（譲渡禁止）

　甲及び乙は、本契約上の地位及び本契約から生じる権利又は義務の全部又は一部を相手方の承諾なしに第三者に譲渡してはならない。

第15条（契約の変更）

　各当事者は、業況に重大な変動が生じたときは、甲と乙の相互の書面による合意により本契約を変更・修正することができる旨合意する。

第16条（解除）

1　各当事者は、以下の事由のいずれか一が発生したときは、相手方当事者に予告しなくても、本契約を解除することができる。

　(1)　相手方当事者が支払不能となったとき、又は相手方当事者に対し差押、競売、破産、民事再生手続開始、会社更正手続開始又は特別清算開始の申立てが行われ、60日以内に取消し又は取下げが行われないとき

　(2)　相手方当事者が手形交換所の取引停止処分を受けたとき

　(3)　相手方当事者が租税の滞納処分を受けたとき

2　相手方当事者が本契約上のいずれかの義務に違反した場合には、一方の当事者は、違反をした当事者に通知を行い、当該通知の日付から30日以内に違反を是正するよう求めることができる。違反をした当事者が当該期間内に違反を是正しなかったときは、当該一方の当事者は、本契約を解除することができる。

3　前項により本契約を解除した当事者は、違反をした当事者に対する損害賠償請求権を失わないものとする。

第17条（契約の期間）

　本契約の有効期間は、●年●月●日から●年●月●日までとす

る。ただし、本契約は、一方当事者から相手方当事者に対して、本契約を更新せず、現行期間の満了をもって本契約を終了する旨をあらかじめ2ヶ月前までに書面で通知した場合を除き、さらに1年間自動的に更新される。

第18条（契約終了後の措置）

　乙は、事由の如何を問わず本契約が終了した場合は、本件製品の製造、販売を直ちに中止するものとする。ただし、本契約期間満了の場合及び乙が第16条に基づき本契約を解除した場合は、乙は、本契約満了後3ヶ月間に限り、本契約満了日において保管中の本件製品を販売し、又は製造中の本件製品を完成して販売することができるものとする。この場合、乙は、第6条に定める実施料の支払いを本契約満了後6ヶ月以内に行うものとする。

第19条（準拠法及び裁判管轄）

　1　本契約の準拠法は日本法とする。
　2　本契約に関する紛争等について協議により解決することができない場合、東京地方裁判所を第一審の専属的合意管轄裁判所とするものとする。

第20条（協議）

　本契約の解釈その他の事項につき生じた疑義及び本契約に規定のない事項については、甲及び乙双方が誠意をもって協議の上、解決するものとする。

　本契約の成立を証するため本契約書を2通作成し、甲乙各記名押印の上、各1通を保有する。

●年●月●日

　　　　　　　　　　　所在地　　　

第12章　特許権実施許諾契約書

甲	会社名	XXX株式会社
	代表者氏名	●●●●
	所在地	○○○○
乙	会社名	YYY株式会社
	代表者氏名	●●●●

3 特許権実施許諾契約の概要

　特許権実施許諾契約（ライセンス契約）とは、特許権の保有者（ライセンサー）が、相手方（ライセンシー）に対して、ライセンスの対象となる特許権の実施を許諾し、実施料として対価を受領する契約をいいます。ライセンス契約という場合、その内容は個別案件ごとに様々であり、たとえば特許権の実施を許諾する場合、専用実施権を許諾するのか通常実施権を許諾するのか、通常実施権を許諾するとしても独占的なのか、非独占的なものか定める必要があります。また、実施の地理的範囲は日本国内限りか、それとも全世界か、許諾の態様は製造か販売かなどについても定める必要があります。

　なお、ライセンス契約のような知的財産法に関する契約は、国の産業政策とも密接に関連するため、私的独占の禁止及び公正取引の確保に関する法律（以下「独占禁止法」といいます。）との抵触が問題となる場合が少なくありません。独占禁止法21条は、「この法律の規定は、著作権法、特許法、実用新案法、意匠法又は商標法による権利の行使と認められる行為にはこれを適用しない」と規定しており、正当な知的財産権の行使に対しては独占禁止法が適用されない一方、不当な知的財産権の行使については独占禁止法で規制されることとなります。どのような行為が不当な権利行使となるかについては、平成19年9月28日（最近改正平成28年1月21日）付公正取引委員会「知的財産権の利用に関する

独占禁止法上の指針」（以下「知財ガイドライン」といいます。）が参考
となります。

4　実務上のチェックポイント

> ☐　実施の対象となる権利、地理的範囲、実施の態様等を特定でき
> 　　ているか
> ☐　実施権の種類は、（独占的／非独占的）通常実施権、専用実施
> 　　権いずれか
> ☐　ライセンシー（乙）による再実施権を認めるか
> ☐　実施料は、①固定額方式、②ランニング・ロイヤルティ、③両
> 　　者の組合せのいずれか
> ☐　ライセンス期間は合理的か
> ☐　約内容が不当にライセンサー（甲）に有利なものとなってお
> 　　り、独占禁止法に抵触しないか

5　各条項の留意点

（1）定義（第1条）

　本条項では、ライセンスの対象となる権利を定義し、その内容を特定
しています。特許権を対象とするのであれば、その特許番号で特定する
ことが通常です。実施許諾する権利の数が多い場合は、「別紙記載の特
許権」などと定義し、具体的な特許番号等は別紙で列挙することとなり
ます。

(2) 実施許諾 (第2条)

　特許権の実施権は、大きくは通常実施権と専用実施権とに分類され、前者はさらに独占的通常実施権と非独占的通常実施権とに細分化することができます。

　専用実施権とは、設定行為で定めた範囲内で、特許発明を独占的に実施することができる権原をいい（特許法77条）、登録されなければその効力を生じません（特許法98条1項2号）。専用実施権が設定された場合、当該特許発明を実施できるのは専用実施権者（ライセンシー）に限定されることとなり、特許権者（ライセンサー）は、専用実施権者からのライセンス料を得ることができるにとどまることとなります。

　これに対して、通常実施権とは、専用実施権以外の許諾実施権の総称であり、独占性・排他性が保障されていない権原をいい（特許法78条1項）、当事者の合意によって権利が発生します[62]。ただし、通常実施権であっても、当事者間の合意によって独占性を付与すること（実施権者以外の第三者に対して実施権を付与しないこと）は可能であり、独占性

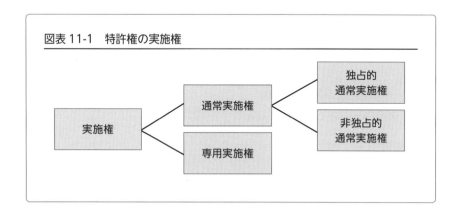

図表 11-1　特許権の実施権

---

[62] なお、従前は通常実施権の登録をもって第三者対抗要件とされていましたが、平成23年改正により、「通常実施権は、その発生後にその特許権若しくは専用実施権又はその特許権についての専用実施権を取得した者に対しても、その効力を有する」（特許法99条。当然対抗制度）とされ、登録制度自体が廃止されています。

を付与された通常実施権のことを独占的通常実施権といい、独占性の付
与されていないものを非独占的通常実施権といいます。

　ライセンス契約においては、これらのうちいずれの実施権を付与する
か明示する必要があります。

(3) 他者に対する実施権の許諾（第3条）

　本条は、ライセンサー（甲）が、乙以外の者に対しても実施権を許諾
可能であることを確認的に規定した条項です。雛形では、もともと乙に
許諾した実施権は非独占的通常実施権ですが、独占的通常実施権を付与
する場合であれば、重複する範囲について、甲が乙以外の者に対して通
常実施権を許諾できないことを明記することとなります。

(4) 再実施許諾の禁止（第4条）

　「専用実施権者は、特許権者の承諾を得た場合に限り、その専用実施
権について質権を設定し、又は他人に通常実施権を許諾することができ
る。」（特許法77条4項）と規定されているとおり、専用実施権者であっ
ても特許権者の許諾を得ない限り第三者に対して通常実施権の許諾をす
ることはできません。

　したがって、ライセンシーの再実施権に関する合意がない場合は、原
則として通常実施権者には第三者に対する再実施権は認められないもの
と解されます。

(5) 技術情報の提供（第5条）

　ライセンシーである乙にとっては、甲が保有する特許発明のライセン
スを受けたとしても、実施できないのではその意味がないため、ライセ
ンサーである甲が保有する特許発明の実施に必要な技術情報の提供を受
ける必要があります。もっとも、甲にとっては、重要なノウハウの流出
は回避したいと望むとともに、技術情報の提供に関する費用はできる限
り抑制したいと希望するのが通常です。そのため、ライセンサー（甲）
としては、雛形第5条第3項のように、技術情報の提供に要する費用に

第12章　特許権実施許諾契約書

ついてはライセンシー（乙）の負担としたり、技術提供に際して指導人員の派遣が必要であれば月当たりの上限時間を設定したりするなど、ライセンサーの負担を一定限度に制限する工夫を行うことが望ましいといえます。

(6) 実施料（第6条）

　特許権実施許諾契約において最も重要な条項の1つが実施料の設定です。実施料の設定方法としては、①一括払いのみ（ランプサム・ペイメント）、②ランニング・ロイヤルティのみ、③一時金（イニシャル・ペイメント）とランニング・ロイヤルティの組み合わせ等があります。また、ランニング・ロイヤルティの設定には、「製品売上×●％」、「生産台数×●円」、「製品販売台数×●円」、「販売利益×●％」などの方法があります。

　なお、実施料の算定方法とは別に、ライセンシーによる売上等の多寡にかかわりなく、一定料金をライセンサーに対して支払うこととする最低実施料が設定される場合もあります。

(7) 特許保証（第8条）

　本条項は、表明保証条項の一種であり、ライセンサーから許諾された特許の実施が第三者の権利を侵害する場合に、予防法務の観点から、実施による責任の所在を契約上明確にしておくことを趣旨としています。類型としては、以下のパターンが考えられます。

---

① 発明の実施により第三者の権利を侵害しないことについて一切保証しない

② 過去及び契約締結時において第三者から侵害請求を受けた事実がないことの保証

③ ライセンサーが知りうる限り第三者の権利を侵害していないことの保証

④ 将来にわたって第三者の権利を侵害しないことの保証

---

(8) 権利侵害への対応（第9条）

本条項は、第三者がライセンサーの特許権を侵害している事実が判明した場合の当事者間の対応を定めた条項です。

非独占的通常実施権者は、第三者がライセンサーの特許権を侵害しているとしても、非独占的通常実施権者の立場で当該第三者に対し、損害賠償請求はできないと解するのが多数説・判例の立場と解されます。

また、通常実施権者は、固有の差止請求権も有さず、かつ、ライセンサーの有する差止請求権の代位行使もできないと解されています。

このように、第三者による侵害の対象となっている特許権の実施許諾を受けたライセンシーとしては、許諾製品の売上が減少する可能性があることから、早急に当該権利侵害を排除する必要があります。

(9) 不争義務（第10条）

不争義務とは、たとえば、ライセンスを受けている特許発明について、ライセンシー（乙）がライセンサー（甲）に対して特許無効審判の請求を行ったりしないなどの義務をいいます。

知財ガイドライン第4-4-(7) によれば、ライセンシーに対して実施された特許の有効性について争わない旨の合意をさせることは、本来無効にされるべき権利が存続し、当該権利に係る技術の利用が制限されることから、公正競争阻害性を有するものとして不公正な取引方法に該当する場合もあるものとされています（一般指定12項）。

もっとも、ライセンサーがライセンシーに対して、実施許諾した技術に関する権利の有効性について争わない義務を課す行為は、円滑な技術取引を通じて競争の促進に資する側面が認められ、また、直接的には競争を減債するおそれは小さいと考えられることから、ライセンシーが権利の有効性を争った場合に当該権利の対象となっている技術についてライセンス契約を解除する旨を定めることは、原則として不公正な取引方法に該当しない、とされています。

したがって、雛形では、ライセンシーが特許の有効性を争った場合に

は、ライセンサーによる契約の解除事由となるものとして規定しています。

(10) 改良（第11条）

　特許権のライセンスを受け、ライセンシーが研究開発等による改良を行った結果、新たな発明等が生じる場合がありえます。この場合、改良により生じた発明等はライセンシーが改良を行ったことにより発生したものであるため、当該改良に係る権利は原則としてライセンシーに帰属することになります。

　この場合の手当として、改良技術についてライセンサーに非独占的通常実施権を許諾したり（グラントバック）、相当な対価で権利を譲渡すること（アサインバック）を契約で定めておくことがありますが、無償で独占的実施権を許諾させたり、無償で権利を移転させたりすることは、ライセンシーによる研究開発活動を不当に制約する可能性があるため、原則として不公正な取引方法に該当する、とされています（知財ガイドライン第4-5-(8)、(9)）。

ライセンシーによる改良時の取扱い	不公正な取引方法該当性
ライセンサーに非独占的通常実施権を許諾 （グラントバック）	×
ライセンサーに無償で独点的通常実施権を許諾	○
ライセンサーに相当な対価で権利を譲渡 （アサインバック）	×
ライセンサーに無償で権利を譲渡	○

※　○：原則として不公正な取引方法に該当しない
　　×：原則として不公正な取引方法に該当する

(11) 表示（第12条）

　本条項は、特許の実施許諾を受けた製品であることの表示について定

めた条項です。ライセンシーにとっては、許諾製品に特許権の許諾を受けた製品であることを表示することにより、当該製品の信頼性を高めるなどのメリットがある一方、ライセンサーにとっては、ライセンシーに対して実施許諾を与えていること自体を第三者に知られたくない場合がありえます。そこで、雛形では、ライセンシーによる許諾製品に対する実施許諾の表示については、ライセンサーの書面による事前の承諾を得た場合に限り表示できるように定めています。

(12) 契約終了後の措置 (第18条)

　特許権実施許諾の有効期間が満了した後もライセンス契約が存続する場合、ライセンサーがライセンシーに対して実施料の支払義務を負担させたり、特許技術の利用を制限したりすることは、一般に技術の自由な利用を阻害するものであり、公正競争阻害性を有するときは、不公正な取引方法に該当するものとされています（知財ガイドライン第4-5-(3)）。

　ただし、同ガイドラインは、「ライセンス料の支払義務については、ライセンス料の分割払い又は延べ払いと認められる範囲内であれば、ライセンシーの事業活動を不当に拘束するものではないと考えられる」と述べていることから、ライセンス契約終了後であっても、当該契約期間中に発生した実施料の分割払い等であれば不公正な取引方法に該当しないものと思われ、雛形ではかかるガイドラインに沿って規定しています。

知財系契約を網羅的にカバーする

　知財の権利の主なものとしては、特許権、意匠権、商標権、著作権があります。これらの権利の特徴について簡単にご紹介します[1]。

1　特許権

　特許権は、「技術」に関する権利です。技術 の対象には、製品等の物、何かを実施する方法、物を製造する方法があります。このような対象について、特許権を取得することにより、独占的に実施することが可能となります。ただし、特許権を取得するためには、技術の内容を公開する必要があります。そのため、技術の内容に応じて、特許権を取得すべきか、ノウハウとして秘匿すべきかをよく考えることが重要です。

2　意匠権

　意匠権は、物の「デザイン」に関する権利です。例えば、技術的には目新しい特徴がない場合であっても、デザインに新しさがあれば、意匠権を取得することにより製品を守ることが可能です。

3　商標権

　商標権は、製品やサービスに使用する名前やマークに関する権利です。マークは、自社の製品やサービスの顔となる非常に重要なものです。近 年、日本国内で有名になった商標について、第三者が外国で商標権を取得する事例が多くなってきています。そのため、自社のビジネス展開を踏まえて、国内外の商標権取得を検討することが重要です。

4　著作権

　著作権は、「著作物」を作成することにより自動的に発生する権利です。

---

[1] https://www.jpo.go.jp/support/startup/document/index/jireishu.pdf

例えば、プログラムのソースコードも著作物です。近年注目されている
オープンソースについても、著作権フリーではないことが一般的である
ため注意が必要です。

　知財系契約には、特許・意匠等の産業財産権契約から、出版・演劇・
映画・キャラクター・パブリシティといったエンタメ系契約まで様々な
ものがあります。そこで注目されているのが、知的財産戦略です。
　知的財産戦略とは、デザインプロデュース等の構想段階や開発・加工
段階においても、他社の知的財産権の状況を把握し、独自の開発戦略を
立て、差別化した独自の成果に対して知的財産権を確立・活用し他社に
対する参入障壁を構築しながら市場を獲得する戦略をいいます。
　知的財産戦略を進めるために、最も重要なことは、事業者のトップが
知的財産の重要性をしっかり認識し、事業者全体で共通認識を持つこと
です。デザイン等の企画、製造・販売の一連の流れの中で知的財産権を
念頭において、デザイン等の経営に取り組むことで知的財産戦略を推進
することができます。
　その上で、発掘した知的財産をどの知的財産権で保護するか、またい
かに強く広い権利を確保するかが極めて重要です。知的財産を担当する
人材が知的財産の生み出す部署（製造現場など）と密接にコンタクトし
ながら、先行技術との対比を行い、的確な権利を取得する体制を敷かね
ばなりません。そして、的確な権利を取得するために、いつでも各都道
府県の知財総合支援窓口や弁護士・弁理士との関係を構築しておくこと
が重要です[2]。

---

[2] https://www.meti.go.jp/press/2020/04/20200420004/20200420004-3.pdf

第 **13** 章

販売店契約書

1 想定事例

　本章では、製造者であるXXX株式会社が、販売店であるYYY株式会社に対して、製造者が製造する商品の販売権を付与するケースを想定しています。

2 参考書式

販売店契約書

　製造者XXX株式会社（以下「製造者」という。）及び販売店YYY株式会社（以下「販売店」という。）は、製造者が販売する商品「●●●」（以下「本商品」という。）に関して、以下のとおり契約（以下「本契約」という。）を締結する。

第1条（契約の目的）
　本契約は、製造者が販売店に対し、本商品の非独占的販売権を付与し、販売店が本商品を販売することに関して、製造者と販売店との権利及び義務の内容を定めることを目的とする。

第2条（販売権の付与）
　1　製造者は販売店を、本商品の販売店として指名し、製造者は販売店に対し、以下の各号地域（以下「本地域」という。）における本商品の非独占的販売権を付与し、販売店はこれを受諾する。
　　(1) ●●●
　　(2) ●●●

2　製造者は、本契約の有効期間中、第三者を販売店として指名できる他、自らも本商品を販売することができる。

第3条（改良品）

製造者は、本商品の改良品を製作した場合、販売店に通知するものとし、製造者及び販売店は、協議の上、改良品を本商品に含めるかを定めるものとする。

第4条（販売価格）

1　製造者は販売店に対し、本商品1個あたり●●円（税別）、合計●●円（税別）で販売する。

2　事情の変動により、前項の販売価格が著しく不合理と認められる場合には、製造者又は販売店は、相手方に対して本商品の販売価格の改定を申し入れることができ、相手方は、協議の上合意によって販売価格を改定するかを決定する。この場合、改定を申し入れられた相手方は、当該事情の変動等を十分考慮にいれ、誠実に協議を行うものとする。

第5条（支払）

1　販売店は、本商品の納入日が属する月における本商品の販売価格総額を、本商品の納入日が属する月の翌月10日（当該期限の末日が金融機関の休業日にあたる場合、その前営業日）までに、製造者が別途指定する金融機関口座に振り込む方法によって支払うものとする。なお、振込にかかる手数料は販売店の負担とする。

2　販売店が、前項の債務の支払いを遅延したときは、支払期日の翌日から支払済に至るまで、年14.6％の割合による遅延損害金を支払うものとする。

第6条（納入）

　製造者は、●●年●●月●●日までに、本商品●●個を納入するものとし、納入にかかる費用は製造者が負担するものとする。

第7条（検収）

1　販売店は、本商品受領後●●営業日以内（以下「検収期間」という。）に、当事者双方が協議した検査基準及び検査方法により、本商品の数量、品質及びその他必要事項について検査を行うものとし、検査に合格したときは、製造者に対して検査合格の通知を行い、かかる通知をもって検収完了とする。

2　本商品に数量不足又は不具合があった場合（以下「不合格品」という。）、販売店は、本商品の受領後●●営業日以内に、製造者に対して不合格である旨を通知（以下「不合格通知」という。）する。

3　前項の通知を受けたときは、製造者は、代替品の納入を行い、代替品について再度検査を受けることとし、以後も同様とする。

4　販売店が検収期間内に何らの異議を申し立てない場合には、本商品は、検収期間の経過をもって検収に合格したものとみなす。

第8条（所有権）

　本商品の所有権は、検収完了時をもって、製造者から販売店に移転するものとする。

第9条（危険負担）

　本商品の検収完了前に生じた本商品の滅失、損傷、変質その他の損害は、販売店の責めに帰すべきものを除き製造者が負担し、検収完了後に生じた本商品の滅失、損傷、変質その他の損害は、製造者の責めに帰すべきものを除き販売店が負担する。

第10条（契約不適合責任）

　本商品の検収完了後1年以内（以下「不適合責任期間」という。）に、検収時には発見できなかった契約内容との不適合（品質・性能基準の不適合、動作不良その他不具合をいう。）が発見された場合、販売店は製造業者に対して、代替品との交換又は損害賠償の請求をすることができる。なお、かかる不適合を理由として本契約又は個別契約の目的を達成できない場合には、販売店は本契約又は個別契約を解除することができる。

第11条（製造物責任）

　製造者は、本商品の欠陥（製造物責任法に定める欠陥をいうが、これに限られない。以下同じ。）により、第三者の生命、身体又は財産等に損害を生じさせたときは、製造者の責任と費用により、当該第三者が被った当該損害を賠償する。

第12条（リコール）

　販売店は、本商品に関して品質上の問題が発見された場合、直ちにその旨を製造者に通知するものとする。この場合、両当事者は本商品のリコール等の対策の必要性につき協議の上決定するものとする。

第13条（クレーム対応）

　1　製造者及び販売店は、第三者から本商品に関してクレーム、請求等を受けた場合、その旨及びクレーム、請求等の内容を遅滞なく相手方に通知するものとする

　2　前項の場合、製造者及び販売店は、協議の上相互に協力してこれを調査解決するものとする。ただし、本商品に関するクレーム等が、専ら一方当事者の責に帰すべき事由に基づくものである場合は、この限りでなく、当該当事者の責任と費用においてこれを調査解決するものとする。

第14条（競合品の取扱い）

　販売店は、本契約の有効期間中、自ら及び第三者をして本商品と類似又は競合する商品を製造又は販売する場合、製造者の承諾を得なければならない。

第15条（商標の使用許諾）

1　販売店は、本商品の販売及び販売促進の目的の範囲内で、製造者の商号、本商品に関するロゴ、名称、商標等（以下「本商標等」という。）を使用することができるものとする。

2　販売店は、本商標等を使用する場合、製造者が指定する方法又はマニュアルの定めを遵守しなければならない。

3　販売店は、第三者が本商標等を侵害していること又はそのおそれがあることを発見した場合、ただちに製造者にその旨を報告する。

4　本契約が終了した場合、販売店は、ただちに本商標等の使用を停止し、本商標等の表示をただちに抹消ないし削除する。

5　販売店は、本商標等と同一又は類似の商標を、自己を権利者とする商号、商標、ドメイン名として出願、登記又は登録をしてはならない。

第16条（販売促進等）

1　販売店は、製造者と協議の上、販売目標及び販売計画を定めるものとし、当該目標の達成のため努力するものとする。

2　販売店は、本商品の販売促進のため、自らカタログ、パンフレット、広告等（以下「販売促進物」という。）を作成するものとする。

3　販売店は、販売促進物の作成に際し、景品表示法その他の法令を遵守するものとする。

第17条（報告）

　販売店は、毎月末締めで次の各号の事項を、翌月●●日（以下「報告日」という。）までに製造者に報告する。

　　(1)　当月末日時点の本商品の在庫数

　　(2)　当月の本商品の販売数量

　　(3)　翌月の本商品の販売数量見込

　　(4)　その他製造者が求める事項

第18条（譲渡禁止等）

　製造者又は販売店は、相手方の事前の書面による承諾なく、本契約上の権利、義務又は地位を第三者に譲渡、若しくは担保に供し、又は引受させてはならない。

第19条（秘密保持義務）

　1　製造者及び販売店は、本契約に関連して双方が開示する営業上又は技術上その他一切の情報のうち、相手方に対して秘密である旨明示して開示した情報及び性質等に鑑みて通常秘密情報として取扱われるべき情報（以下「秘密情報」という。）を厳重に保管・管理するものとする。ただし、次の各号の一に該当する情報については秘密情報に含まれない。

　　(1)　開示を受ける前に公知であったもの

　　(2)　開示を受けた後に自己の責に帰すべき事由によることなく公知となったもの

　　(3)　開示を受ける前に既に自ら保有していたもの

　　(4)　正当な権限を有する第三者から秘密保持義務を負わずに入手したもの

　　(5)　開示を受けた情報によることなく独自に開発したもの

　2　製造者及び販売店は、相手方の事前の書面による承諾なく、秘密情報を第三者に開示、漏えいしてはならない。ただし、法令により開示義務を負うとき又は法律上権限ある官公署に

より開示を命じられたときは、必要な範囲内に限り、開示することができるものとする。この場合、製造者及び販売店は、事前に相手方に通知しなければならない。

3　製造者及び販売店は、秘密情報について、本契約の目的の範囲でのみ使用するものとし、本契約の目的の範囲を超える複製、改変が必要なときは、事前に相手方から書面による承諾を得なければならない。

4　製造者及び販売店は、本契約が終了したとき又は相手方から要求があったときは、相手方の指示に従い、秘密情報（その複製物を含む。）の返還又は破棄その他の措置を講ずるものとする。

第20条（中途解約）

　製造者又は販売店は、本契約の有効期限中に解約を希望する場合は、●●ヶ月前までに相手方に対して書面で通知することにより、本契約を途中で解約することができる。

第21条（解除）

1　製造者及び販売店は、相手方が本契約の条項の1つに違反した場合において、書面による催告後相当期間が経過しても当該違反状態が是正されないときは、本契約を解除することができる。

2　前項に関わらず、製造者及び販売店は、相手方が、以下の各号のいずれかの事由に該当する場合、事前に通知又は催告することなく、本契約を解除することができる。

　(1)　支払停止若しくは支払不能となり、又は破産手続開始、民事再生手続開始、会社更生手続開始、特別清算開始若しくはこれらに類する手続の開始の申立てがあった場合

　(2)　自ら振出し若しくは引き受けた手形又は小切手が1通でも不渡りの処分を受けた場合

(3) 差押、仮差押、仮処分、強制執行又は競売の申立てがあった場合

(4) 租税公課の滞納処分を受けた場合

(5) 金融機関から取引停止の処分を受けたとき

(6) 財産状態が悪化し又は悪化するおそれがあると認められる相当の事由があるとき

(7) 本契約に定める条項につき重大な違反があったとき

(8) 刑法上の犯罪行為、その他法令・公序良俗に反する行為が認められたとき

(9) その他、本契約を継続し難い重大な事由が生じたとき

3　前項各号に該当した当事者は、相手方に対し負っている本契約に関する債務について期限の利益を失い、直ちに債務全額を一括して弁済しなければならない。

4　本条第1項及び第2項に基づく解除は、相手方に対する損害賠償請求権の行使を妨げない。

第22条（損害賠償）

　製造者及び販売店は、本契約に違反して相手方に損害を与えた場合には、相手方に対し、その賠償をしなければならない。

第23条（反社会的勢力の排除等）

1　製造者及び販売店は、それぞれ相手方に対し、次の各号の事項を確約する。

(1) 自ら及びその役員（取締役、執行役、執行役員、監査役又はこれらに準ずる者をいう。）が、暴力団、暴力団員、暴力団準構成員、暴力団関係企業、総会屋、社会運動等標ぼうゴロ又は特殊知能暴力集団、その他これらに準ずる者（以下、総称して「反社会的勢力」という。）ではないこと、及び反社会的勢力と社会的に非難されるべき関係を有していないこと

(2) 自己又は第三者の利益を図る目的又は第三者に損害を与える目的をもって反社会的勢力を利用し、又は反社会的勢力に対して資金等を提供し、又は便宜を供与するなど、反社会的勢力の維持、運営に協力し、又は関与していると認められる関係を有していないこと

(3) 反社会的勢力に自己の名義を利用させ、本契約を締結するものでないこと

(4) 自ら又は第三者を利用して、相手方に対し、脅迫的な言動又は暴力を用いる行為、風説を流布し、偽計又は威力を用いて相手方の業務を妨害し又は信用を毀損する行為、法的な責任を超えた不当な要求行為、その他これらに準ずる行為をしないこと

2 製造者又は販売店は、相手方が前項の確約に違反した場合、事前に通知又は催告することなく、本契約の解除をすることができる。なお、本項による解除によって相手方に損害が生じてもこれを一切賠償することを要しない。

3 相手方が本条に違反したことにより製造者又は販売店に損害が生じたときは、当該相手方はその一切の損害を賠償しなければならない。

第24条（不可抗力）

1 天災地変その他製造者及び販売店の責に帰することができない事由により、本契約の目的を達することが不可能となった場合、本契約は当然に終了する。

2 前項により本契約が終了する場合、これによって製造者又は販売店が被った損害について、各相手方はその責を負わない。

第25条（有効期間）

1 本契約の有効期間は、本契約の締結日から●●年間とする。

　　ただし、期間満了日の●●ヶ月前までにいずれの当事者から
　　も何らの意思表示がされない場合には、自動的に同条件でさ
　　らに●●年間更新されるものとし、その後も同様とする。
　2　本契約終了時に、本契約に基づく未履行の債務がある場合に
　　は、当該債務の履行が完了するまで、なお本契約が適用され
　　るものとする。

第26条（準拠法及び管轄裁判所）

　本契約の準拠法は日本法とし、本契約に起因し又は関連する一切
の紛争については、訴額に応じて東京簡易裁判所又は東京地方裁判
所を第一審の専属的な管轄裁判所とすることに合意する。

第27条（誠実協議）

　本契約に定めのない事由が生じた時、又は本契約の条項の解釈に
関して疑義が生じた時は、製造者及び販売店は誠意をもって協議の
上円満にこれを解決するものとする。

　本契約の成立を証するため本契約書を2通作成し、甲乙各記名押
印の上、各1通を保有する。

●年●月●日

甲	所在地	○○○○
	会社名	ＸＸＸ株式会社
	代表者氏名	●●●●

乙	所在地	○○○○
	会社名	ＹＹＹ株式会社
	代表者氏名	●●●●

第13章　販売店契約書

3 販売店契約の概要

　製造業者が製造した商品の販売ルートや販売ノウハウを確立していない場合、販売ルート等を有する第三者との間で、販売業務提携を行うことを検討する場合があります。

　販売業務提携に係る契約として、本章で解説する販売店契約及び次章で解説する販売代理店契約があります。

　販売店契約と販売代理店契約は、いずれも製造業者と第三者の間の販売業務提携契約である点で共通しますが、契約関係等において、以下の相違があります。

事項	販売店契約	販売代理店契約
顧客と契約を締結する当事者	販売店	製造業者
顧客への販売価格の決定権者	販売店	製造業者
販売店・販売代理店の利益	転売利益	販売手数料
メリット	経済的利益大	在庫リスクなし
デメリット	在庫リスク	経済的利益小

(1) 販売店契約とは

　販売店契約とは、販売店が製造業者から自ら商品を仕入れるとともに販売権を取得し、自ら顧客に商品を再販売するという契約をいいます。販売店は、製造業者から仕入れた商品に対し、自ら再販売価格を設定して顧客に転売することができるため、転売利益を得ることができるメリットがあります。もっとも、販売店は、製造業者から直接商品を仕入れることになるため、在庫リスクを負担するデメリットがあります。

(2) 販売代理店契約とは

　これに対し、販売代理店契約とは、販売代理店が製造業者の代理人となって、販売代理店が製造業者の商品を、製造業者のために顧客に販売するという契約をいいます。

　販売代理店契約では、顧客との間で売買契約を締結する当事者は、販売代理店ではなく製造業者となります（販売代理店はあくまでも製造業者の代理人にとどまります）。販売代理店契約では、販売代理店にとって、直接顧客と売買契約の当事者となるわけではなく、また製造業者から商品を仕入れる必要もないため、在庫リスクもないというメリットがあります。もっとも、販売代理店は、自ら商品の販売価格を決定できるわけではないため、経済的利益はあくまでも製造業者からの委託報酬にとどまるというデメリットがあります。

　販売店契約と販売代理店契約のいずれを選択するかは、契約当事者の立場や商品の内容等、個別の状況に応じて判断することになります。

4 実務上のチェックポイント

□　販売店契約と販売代理店契約の区別と選択ができているか
□　製造業者が販売店に付与する販売権は、独占的販売権か非独占的販売権か
□　製造業者の商標権の使用許諾の有無

第13章　販売店契約書

5 各条項の留意点

（1）販売権の付与（第2条）

販売店契約では、製造業者が販売店に対して付与する販売権を、独占的販売権とするか、非独占的販売権とするか、という問題があります。

製造業者側からすれば、自社製品を販売する機会を多くするために、販売店1社に対して独占的販売権を付与するのではなく、複数の販売店に対して非独占的販売権を付与したほうが有利といえます。

一方、販売店側からすれば、独占的販売権を付与されたほうが競合販売店との間で転売価格の競争等を回避できるメリットがあります。

実務上は、製造業者が販売店に対して独占的販売権を付与する代わりに、最低購入数量を義務付けることで、製造業者側の利益の確保を図る方法を取ることもあります。

（2）改良品（第3条）

製造業者が、本商品の改良品を開発した場合、同改良品が販売権の対象となるかどうかを定めた条項です。

雛形では、製造業者と販売店の間で別途協議して定める旨の条項として整理しています。

（3）支払（第5条）

支払条項に関する留意事項については、**第6章5（8）**をご参照ください。

（4）納入（第6条）

納入条項に関する留意事項については、**第6章5（2）**をご参照ください。

（5）検収（第7条）

検収条項に関する留意事項については、**第6章5（3）**をご参照ください。

(6) 所有権（第8条）

　所有権移転条項に関する留意事項については、**第6章5（4）**をご参照ください。

(7) 危険負担（第9条）

　危険負担条項に関する留意事項については、**第6章5（6）**をご参照ください。

(8) 契約不適合責任（第10条）

　契約不適合責任条項に関する留意事項については、**第6章5（5）**をご参照ください。

(9) 製造物責任（第11条）

　製造物責任条項は、本商品そのものの不具合が原因で、本商品以外に損害が発生する場合（拡大損害）について定めた条項です。

　拡大損害の場合も、民法上の契約不適合責任、債務不履行責任、不法行為責任等の要件を満たせば、販売店は製造業者に対して損害賠償請求をなしえます。

　また、本商品の「欠陥」から拡大損害が生じた場合には、製造物責任法における製造物責任と重なりえます。なお、「欠陥」とは、当該製造物の特性、その通常予見される使用形態、製造業者が製造物を引き渡した時期その他の当該製造物にかかる事情を総合的に考慮して、当該製造物が通常有すべき安全性を欠いていることをいいます（製造物責任法2条2項）。そこで、安全性に関わらない単なる性質上の不具合は、製造物責任法の賠償責任の根拠とされる欠陥にはあたりません。

　実務上は、製造物の欠陥に起因した拡大損害が生じた場合における製造業者と販売店の責任の所在や分担を明確にするために、製造物責任条項を盛り込むケースが見受けられます。

(10) 商標の使用許諾（第15条）

　本条項は、製造業者の販売店に対する商標権の使用許諾に関する条項です。

　販売店が、製造業者の開発・製造した商品を販売するにあたり、製造業者が保有する商標を付すことにより、当該商品の価値を高めたり、当該商標そのものの価値を高めたりすることが期待できるため、実務上、製造業者が販売店に対して商標の使用許諾を認めることがあります。

　製造業者としては、販売店に対して商標権の使用許諾を認める場合、商標の価値や信用を維持するために留意する必要があります。

　一方、販売店としては、製造業者の商標を使用することによって商品の販売促進を期待できるというメリットがありますが、商標使用に起因する第三者からのクレーム対応については、製造業者との間で負担を明確にしておくべきといえます。

(11) 報告（第17条）

　製造業者が販売店に対し、商品の販売数量等に関する報告を義務付ける条項です。

　販売代理店契約とは異なり、販売店契約では、顧客の直接の当事者（売主）は販売店であって製造業者ではないことから、製造業者が販売店に対し、商品の販売数量等について報告を求める権利はありません。

　もっとも、製造業者からすれば、商品の販売数量等を把握することで、今後の商品展開の参考となる情報を得ることもできるため、販売店から販売数量等の情報を入手したいと考える場合も想定されます。

(12) 準拠法及び管轄裁判所（第26条）

　準拠法及び管轄裁判所に関する留意事項については、**第6章5（16）**をご参照ください。

第 14 章

販売代理店契約書

1 想定事例

本章では、製造業者であるXXX株式会社が、YYY株式会社に対して、製造者が製造する商品の販売代理店として指名するケースを想定しています。

2 参考書式

販売代理店契約書

委託者XXX株式会社（以下「甲」という。）及び代理店YYY株式会社（以下「乙」という。）は、甲が乙を甲の代理店に指定し、乙が甲の指定する商品「●●●」（以下「本商品」という。）を甲の代理人として販売することについて、以下のとおり契約（以下「本契約」という。）を締結する。

第1条（契約の目的）
　本契約は、本商品の取扱いに関し、甲及び乙の権利及び義務を定めることを目的とする。

第2条（代理権の授与）
　1　甲は乙を、本商品の販売代理店として指名し、甲は乙に対し、以下の各号地域（以下「本地域」という。）における本商品の非独占的販売代理権を付与する。
　　(1) 日本国内
　　(2) その他甲及び乙が合意した地域
　2　乙は、前項に基づいて、顧客に対し、本商品の営業・販売活

動（以下「販売代理」という。）を実施する。

3　本契約は、甲が本地域において、本商品に関する営業・販売
　　活動をすることを妨げない。

第3条（販売代理の方法等）

1　乙は、本商品の顧客となり得る者（以下「見込み顧客」とい
　　う。）に対し、本商品の説明及び提案等を行うにあたり、自
　　己が本商品に関する甲の販売代理店であることを甲指定の方
　　法に従い説明し、明示しなければならない。

2　乙が見込み顧客から収集し、甲に取り次ぐ情報の項目（当該
　　見込み顧客の商号、住所等）、範囲等については、甲が別途
　　定めるものとする。

3　本条に基づく、本商品の説明や取り次ぐ情報に誤り又は不備
　　が存したことに起因して、本条に従い乙が取り次いだ顧客
　　（見込み顧客を含み、以下「顧客」という。）その他第三者よ
　　り責任を問われる事態が生じた場合、乙はこれのすみやかな
　　解決のために最大限努力するとともに、甲が被ったすべての
　　損害について賠償しなければならない。ただし、乙の責めに
　　帰さない事由により生じた誤り又は不備に起因する場合はこ
　　の限りでない。

第4条（商標等の利用）

1　乙は、販売代理のために本商品に関するロゴや名称、商標等
　　（以下総称して「本商標等」という。）を使用する場合、事前
　　に甲の同意を得るものとする。

2　乙は、本商標等を利用する場合、甲が指定する方法又はマ
　　ニュアルの定めを遵守しなければならない。

3　乙は、本商標等と同一又は類似の商標を、自己を権利者とす
　　る商号、商標、ドメイン名として出願、登記又は登録しては
　　ならない。

4 乙は、本商標等の使用について第三者から異議を述べられた場合、直ちにその旨を甲に報告しなければならない。乙は、甲の指示に従い当該異議に応じるものとし、甲の事前の承諾なく当該第三者と当該異議に対しての交渉、示談、和解、応訴を行ってはならない。

5 乙は、本契約が終了したとき又は甲が求めたときは、本商標等の表示を直ちに抹消ないし削除するとともに、その旨を書面にて甲に提示しなければならない。

第5条（販売代金の取扱い）

1 乙は、甲を代理して、販売代理にかかる本商品の販売代金を顧客から受領するものとする。

2 乙は、各月1日から当月末日まで（以下「集計期間」という。）の間に顧客から受領した販売代金を、販売手数料を控除した上で、翌月末日までに甲が指定する銀行口座に振り込んで支払う。なお、振込手数料は乙の負担とする。

3 乙が前項に定める期日における販売代金の支払いを怠ったときは、当該支払期日の翌日から完済に至るまで年6％の割合による遅延損害金を甲に支払うものとする。

第6条（報告義務）

1 乙は、集計期間中の実績について、翌月末日までに、甲が指定する方法に従い、販売代理の遂行状況、顧客の数並びにその商号及び所在地等、代理受領した販売代金の金額及び未徴収の販売代金の内訳、その他甲が別途指定する事項（以下「報告事項」という。）について、甲に対し報告するものとする。

2 本契約が終了した場合、乙は、本契約終了時における前項の報告事項について、すみやかに報告しなければならない。

3 乙は、甲が要請する場合には、すみやかに、当該報告の根拠となる資料その他の記録を開示しなければならない（以下

「記録等の開示」という。）。
4　記録等の開示の結果、乙による報告に遺漏又は誤りがあることが判明した場合、乙は、直ちにそれに起因する差額未払分を、甲の指定する方法に従い支払わなければならない。

第7条（販売手数料）
1　甲は、乙に対し、販売された本商品1個当たり金●●円を販売手数料として支払う。
2　前項の販売手数料は、集計期間中に乙が顧客から受領した本商品の販売代金を基準に算出されるものとし、集計期間の翌月末日までに甲に引渡される販売代金から控除する形で乙に支払う。
3　顧客には、次の者は含まれないものとする。
　　（1）乙が販売代理を遂行する前に、甲が営業活動を行っていた顧客
　　（2）乙から取次ぎを受けた時点で、甲が乙以外から紹介を受けていた顧客
4　乙は、販売代理にかかる購入契約が当該契約の定めに従い解除され、かつ、販売手数料を甲に引渡した販売代金から控除する形で受領していた場合には、当該契約にかかる販売手数料をすみやかに甲に返還する。

第8条（費用負担）
　販売代理等その他これに付随する業務を行うにあたって要する費用は、書面による別段の合意がある場合を除き、乙の負担とし、甲は当該費用を一切負担しないものとする。

第9条（乙の義務）
1　甲及び乙は、協議の上販売目標及び販売計画を定めるものとし、乙は、本地域内において、当該販売目標を達成するため

に、積極的な見込み顧客の創出に関するマーケティング及び営業活動等、最大限努力を行うものとする。

2 乙は、販売代理の遂行方法について、別途甲の指示・要請があるときは、これを誠実に遵守しなければならない。

3 乙は、販売代理を遂行するにあたり、本商品に関して、誇大広告、不当表示、二重価格表示等をしてはならず、また、本契約終了の前後を問わず、甲、本商品及び甲の他の商品並びにサービス等の評判若しくは信用を毀損し、又はその恐れのある行為をしてはならない。

4 乙が、本商品の取扱いを行う場合、乙は、善良な管理者の注意をもって、本商品を取扱わなければならない。

5 乙は、本商品の販売促進のために自らカタログ、パンフレット、広告等を作成する場合、事前に甲の書面による同意を得なければならない。また、当該作広告等が第三者の著作権その他一切の権利を侵害しないように留意するとともに、甲に対しかかる侵害がないことを保証する。

第10条（資料等の提供）

1 甲は、本商品の販売代理のために必要と甲が判断する範囲内で、本商品に関するカタログ、パンフレットその他の資料（以下「資料等」という。）を、乙に無償で貸与又は提供する。

2 乙は甲から提供された資料等を、厳重に保管管理するとともに、販売代理を履行する目的以外の目的で利用してはならないものとする。

3 乙は、本契約が終了したとき又は甲から要求があったときは、すみやかに甲に資料等を返還し又は甲の指示に従った処置を講じる。

第11条（知的財産権の帰属）

本商品及び資料等に関する特許権、商標権、著作権その他の一切

の知的財産権は、甲又は甲にライセンスを許諾している者に帰属するものとし、本契約の締結により、如何なる知的財産権も譲渡されるものではなく、また、使用許諾その他如何なる権限も与えられるものではない。

第12条（免責）

1　甲は、乙に対し、本商品の売上の保証その他本契約の締結により乙が一定の利益を享受することにつき、如何なる保証も行わない。

2　甲は、本契約に基づき乙に開示する秘密情報及びこれに関連して提供する一切の情報に関し、その重要な点において、内容の正確性、重要性その他の価値についてのいかなる保証も行わない。

第13条（競合品の取扱い等）

1　乙は、本契約の有効期間中及び本契約終了後●●年間、自ら及び第三者をして本商品と類似又は競合する商品を製造又は販売してはならない。

2　乙が前項の義務に違反した場合、乙は、甲に対し、違約金として、当該違反行為により得た利益の金額又は金●●万円のいずれか高い金額を支払う。なお、かかる違約金の定めは、甲の乙に対する損害賠償の請求を妨げない。

第14条（秘密保持）

1　本契約において、「秘密情報」とは、文書、口語その他方法のいかんを問わず、いずれかの当事者より他方当事者に対し本件業務に関連して開示されたすべての技術上及び営業上の資料・図書、知識、データ、個人情報、ノウハウその他一切の情報を意味するものとし、また、本契約の内容も秘密情報として取扱うものとする。ただし、次のいずれかに該当する

ものについては、秘密情報から除外されるものとする。

(1) 相手方から開示を受ける前に、既に自己が保有していたもの

(2) 相手方から開示を受ける前に、既に公知又は公用となっていたもの

(3) 相手方から開示を受けた後に、自己の責によらずに公知又は公用となったもの

(4) 正当な権限を有する第三者から秘密保持義務を負うことなく適法に入手したもの

(5) 相手方から開示を受けた情報によらず、自己が独自に開発したもの

2 甲及び乙は、秘密情報について厳に秘密を保持し、相手方当事者の文書による事前の承諾なくして第三者にこれを開示又は漏洩してはならず、また、秘密情報を自ら又は第三者の利益のために使用してはならないものとする。

第15条（個人情報の取扱い）

1 乙は、個人情報の保護に関する法律（以下「個人情報保護法」という。）に定める個人情報のうち、本件業務遂行に際して甲から取扱いを委託された個人データ（個人情報保護法第2条第6項に規定する個人データをいう。以下同じ。）及び本件業務遂行のため甲乙間で個人データと同等の安全管理措置（個人情報保護法第20条に規定する安全管理措置をいう。）を講ずることについて甲乙間で別途合意した個人情報（以下、あわせて「個人情報」という。）を第三者に漏洩してはならない。なお、甲は、個人情報を乙に提示する際にはその旨明示するものとする。また、甲は、甲の有する個人情報を乙に提供する場合、本件業務遂行上必要最小限度にとどめ、個人が特定できないよう加工した上で提供するよう努めるものとする。

2　乙は、個人情報の管理に必要な措置を講ずるものとする。

3　乙は、個人情報を本契約の目的の範囲でのみ使用し、本契約の目的の範囲を超える複製、改変が必要なときは、事前に甲から書面による承諾を受けるものとする。

第16条（契約解除）

1　甲及び乙は、相手方が本契約の条項の一つに違反した場合において、催告後相当期間が経過しても当該違反状態が是正されないときは、本契約を解除することができる。

2　前項に関わらず、甲及び乙は、相手方が、以下の各号のいずれかの事由に該当する場合、事前に通知又は催告することなく、本契約を解除することができる。

(1) 支払停止若しくは支払不能となり、又は破産手続開始、民事再生手続開始、会社更生手続開始、特別清算開始若しくはこれらに類する手続の開始の申立てがあった場合

(2) 差押、仮差押、仮処分、強制執行又は競売の申立てがあった場合

(3) 金融機関から取引停止の処分を受けたとき

(4) 財産状態が悪化し又は悪化するおそれがあると認められる相当の事由があるとき

(5) 本契約に定める条項につき重大な違反があったとき

(6) 刑法上の犯罪行為、その他法令・公序良俗に反する行為が認められたとき

(7) その他、本契約を継続し難い重大な事由が生じたとき

3　前項各号に該当した当事者は、相手方に対し負っている本契約に関する債務について期限の利益を失い、直ちに債務全額を一括して弁済しなければならない。

4　本条第1項及び第2項に基づく解除は、相手方に対する損害賠償請求権の行使を妨げない。

第17条（中途解約）

　甲及び乙は、相手方に対し、●●ヶ月以上の事前の書面による通知をすることにより、本契約を中途解約することができる。

第18条（損害賠償）

　甲及び乙は、本契約に違反して相手方に損害を与えた場合には、相手方に対し、その損害の賠償をしなければならない。

第19条（通知義務）

　1　甲及び乙は、次の各号に定める事由を相手方に対して通知するものとし、これらの事項に変更が生じた場合も同様とする。

　　（1）連絡窓口担当者
　　（2）連絡先の電話番号
　　（3）連絡先メールアドレス
　　（4）住所又は所在地
　　（5）商号
　　（6）代表者

　2　甲及び乙は、次の各号に定める事由が生じた場合、又は生じる可能性がある場合は、すみやかに相手方に対して通知しなければならない。

　　（1）営業譲渡又は合併その他経営上の重要な変更
　　（2）定款における事業目的の変更
　　（3）代表者、商号又は名称その他重要な組織の変更
　　（4）財産状況、経営状況の悪化
　　（5）その他の営業上重大な変化

第20条（反社会的勢力の排除等）

　1　甲及び乙は、それぞれ相手方に対し、次の各号の事項を確約する。

(1) 自ら及びその役員（取締役、執行役、執行役員、監査役
又はこれらに準ずる者をいう。）が、暴力団、暴力団
員、暴力団準構成員、暴力団関係企業、総会屋、社会運
動等標ぼうゴロ又は特殊知能暴力集団、その他これらに
準ずる者（以下、総称して「反社会的勢力」という。）
ではないこと、及び反社会的勢力と社会的に非難される
べき関係を有していないこと

(2) 自己又は第三者の利益を図る目的又は第三者に損害を与
える目的をもって反社会的勢力を利用し、又は反社会的
勢力に対して資金等を提供し、又は便宜を供与するな
ど、反社会的勢力の維持、運営に協力し、又は関与して
いると認められる関係を有していないこと

(3) 反社会的勢力に自己の名義を利用させ、本契約を締結す
るものでないこと

(4) 自ら又は第三者を利用して、相手方に対し、脅迫的な言
動又は暴力を用いる行為、風説を流布し、偽計又は威力
を用いて相手方の業務を妨害し又は信用を毀損する行
為、法的な責任を超えた不当な要求行為、その他これら
に準ずる行為をしないこと

2　甲又は乙は、相手方が前項の確約に違反した場合、事前に通
知又は催告することなく、本契約の解除をすることができ
る。なお、本項による解除によって相手方に損害が生じても
これを一切賠償することを要しない。

3　相手方が本条に違反したことにより甲又は乙に損害が生じた
ときは、当該相手方はその一切の損害を賠償しなければなら
ない。

第21条（不可抗力）

1　天災地変その他甲及び乙の責に帰することができない事由に
より、本契約の目的を達することが不可能となった場合、本

契約は当然に終了する。

2　前項により本契約が終了する場合、これによって甲又は乙が被った損害について、各相手方はその責を負わない。

第22条（再委託）

　乙は、本契約に基づく義務の一部又は全部を、第三者（問屋、販売代理、仲介、二次乙のあらゆる形態を含む。）へ再委託してはならないものとする。ただし、甲の事前の書面による承諾を得た場合はこの限りではない。

第23条（契約期間）

　本契約の存続期間は、本契約締結の日から●●年とする。

第24条（準拠法及び管轄裁判所）

　本契約の準拠法は日本法とし、本契約に起因し又は関連する一切の紛争については、訴額に応じて●●●簡易裁判所又は●●●地方裁判所を第一審の専属的な管轄裁判所とすることに合意する。

第25条（誠実協議）

　本契約に定めのない事由が生じた時、又は本契約の条項の解釈に関して疑義が生じた時は、甲及び乙は誠意をもって協議の上円満にこれを解決するものとする。

　本契約の成立を証するため本契約書を2通作成し、甲乙各記名押印の上、各1通を保有する。

●年●月●日

	所在地	○○○○
甲	会社名	XXX株式会社
	代表者氏名	●●●●

	所在地	○○○○
乙	会社名	YYY株式会社
	代表者氏名	●●●●

3 販売代理店契約の概要

販売代理店契約の概要は、**第13章3**をご参照ください。

4 実務上のチェックポイント

- □ 販売店契約と販売代理店契約の区別と選択ができているか
- □ 製造業者が販売店に付与する販売権は、独占的販売権か非独占的販売権か
- □ 製造業者の商標権の使用許諾の内容

5 各条項の留意点

（1）販売代金の扱い（第5条）

本条項は、本商品の販売代金の取扱いを定めた条項です。

販売代理店の販売代金の支払い方法は、販売代理店が委託者（製造業者）に代わって販売代金を受領するというケースもあれば、委託者（製造業者）が本商品の販売代金を顧客から直接受領するというケースもあります。

雛形では、前者のケースを想定したものとなります。

(2) 報告義務（第6条）

　本条項は、販売代理店の委託者（製造業者）に対する報告義務を定めたものです。

　販売代理店は、委託者（製造業者）の代理人（商行為の代理人）として顧客との間で売買契約を締結するため、委任者（製造業者）に対して遅滞なく当該契約内容等を通知する義務を負います（商法27条）。

(3) 競合品の扱い（第13条）

　本商品の競合品の取扱いについて定めた条項です。

　委託者（製造業者）としては、販売代理店（販売店）には本商品の販売に注力してほしいと考えることが多いため、販売代理店に競合品の取扱いを禁止させることを検討する場合があります。

　一方、販売代理店（販売店）としては、本商品と自ら販売する別の商品が競合するかどうかの判断基準が曖昧であることや、自己の事業を制限する内容の条項を定めることを避けるために、競合品の取扱いを制限する条項は削除したいと考える傾向にあります。

　なお、代理店契約において、代理店に対して販売する商品を制限することは、販売店契約と同様に独占禁止法との関係で問題となる場合があります。

　販売代理店契約の有効期間中だけでなく、終了後もその取扱いを禁止する条項を定める場合、他の製造業者の事業活動を不当に拘束して市場への参入を妨げるものとして独占禁止法に抵触することがありえます。

コラム 12
他社と協働しオープンイノベーションを推進する

　オープンイノベーション（Open innovation）は、2003 年に現 UC バークレービジネススクール教授のヘンリー・チェスブロー氏が提唱したコンセプトです。自らが発案したオープンイノベーションを、チェスブロー氏は「オープンイノベーションとは、目標達成のための知識のインフローとアウトフローを活用して内部のイノベーションを加速し、イノベーションそのものの外部活用によって市場を拡大することである」と定義しています。

　ここでいうインフローとは、イノベーションを起こす知識や情報の外部からの社内への流入のことであり、アウトフローとは、イノベーションを起こす知識や情報の社内からの外部への流出のことです。すなわち、オープンイノベーションのコンセプトでは、イノベーションを起こすための知識や情報に対する社内外の境界をなくし、自由に流出入させることで実際のイノベーションの創出を目指すものです。

　文部科学省も平成 29 年版科学技術白書において、「イノベーションを巡るグローバルな競争が激化するなか、従来の自前主義（クローズドイノベーション）に代わり、組織外の知識や技術を積極的に取り込む「オープンイノベーション」が重要視され始め」ているとし、我が国の産業界や教育研究機関が積極的にオープンイノベーションを導入することを提言しています。特にグローバルな競争が激化し、併せて製品ライフサイクルが軒並み短期化するなか、日本企業がオープンイノベーションを導入することなしに世界的な競争力を維持することは困難であると指摘しています。

　令和 2 年 6 月 30 日、特許庁と経済産業省は、研究開発型スタートアップと事業会社の連携を促進するため、共同研究契約やライセンス契約などを交渉する際に留意すべきポイントについて解説した「モデル契約書 ver1.0」を公表しました [1]。モデル契約書では、共同研究開発の連携プロセスの時系列に沿って必要となる、秘密保持契約、PoC（技術検証）契

約、共同研究開発契約、ライセンス契約に関するモデル契約書を提示するほか、仮想の取引事例を設定して、契約書の取り決め内容を具体化することで、交渉の勘所を学ぶことができます。また、契約書の文言の意味を逐条解説で補足することで、当該記載を欠いた場合の法的リスクなど、契約に潜むビジネスリスクへの理解を深めることができます。

【著者紹介】

長瀬佑志（ながせ・ゆうし）
▷第1章、第2章、第6章、第7章、第8章、第13章、第14章、コラム1、コラム4、コラム5、コラム6、コラム7、コラム8、コラム9
弁護士（61期）、弁護士法人長瀬総合法律事務所代表弁護士（茨城県弁護士会所属）。
2006年東京大学法学部卒。多数の企業の顧問に就任し、会社法関係、法人設立、労働問題、債権回収等、企業法務案件を担当している。
著書『コンプライアンス実務ハンドブック』（共著）、『企業法務のための初動対応の実務』（共著）、『若手弁護士のための民事弁護 初動対応の実務』（共著）、『新版 若手弁護士のための初動対応の実務』（共著）、『現役法務と顧問弁護士が書いた契約実務ハンドブック』（共著）、『現役法務と顧問弁護士が実践している ビジネス契約書の読み方・書き方・直し方』（共著）（以上、日本能率協会マネジメントセンター）、『運送会社のための労務管理・働き方改革対応マニュアル』（単著、日本加除出版）ほか。

母壁明日香（ははかべ・あすか）
▷第3章、第4章、第5章、コラム2、コラム3、コラム10、コラム11、コラム12
弁護士（69期）、社会保険労務士登録。JMAMパートナーコンサルタント。弁護士法人長瀬総合法律事務所所属。
2011年日本大学法学部卒。2013年立教大学法科大学院修了（首席）。2016年弁護士法人長瀬総合法律事務所入所。主に顧問業務、争訟、労働・人事（使用者側）、家事事件（離婚・相続）等を担当している。
著書『企業法務のための初動対応の実務』（共著）、『若手弁護士のための民事弁護 初動対応の実務』（共著）、『新版 若手弁護士のための初動対応の実務』（共著）、『現役法務と顧問弁護士が実践している ビジネス契約書の読み方・書き方・直し方』（共著）（以上、日本能率協会マネジメントセンター）。

斉藤雄祐（さいとう・ゆうすけ）　▷第6章、第7章、第8章
弁護士（71期）。弁護士法人長瀬総合法律事務所所属。
2013年明治学院大学法学部卒（3年次早期卒業）。2016年中央大学大学院法務研究科修了。行政書士開業を経て2018年弁護士法人長瀬総合法律事務所入所。
労務管理、危機管理・クレーム対応、情報管理を主に担当するほか、企業向け労務管理研修・情報管理研修等、社内教育を担当している。
著書『コンプライアンス実務ハンドブック』（共著）。

古田土和人（こだと・かずひと）　▷第10章
弁護士（71期）、弁護士法人長瀬総合法律事務所所属。
2015年千葉大学法経学部法学科卒。2017年慶應義塾大学大学院法務研究科修了。2018年弁護士法人長瀬総合法律事務所入所。個人法務を中心に日々案件対応を行っている。

田中佑樹（たなか・ゆうき）　▷第9章
弁護士（72期）、弁護士法人長瀬総合法律事務所所属。
2015年法政大学法学部法律学科卒。2017年中央大学大学院法務研究科修了。2019年弁護士法人長瀬総合法律事務所入所。交通事故、債務整理、離婚問題、不動産明渡、刑事事件などの個人法務を中心に日々案件対応を行っている。

坂口宗一郎（さかぐち・そういちろう）　▷第11章、第12章
弁護士（72期）、弁護士法人長瀬総合法律事務所所属。
2016年立命館大学法学部卒。2018年大阪大学大学院高等司法研究科修了。2019年弁護士法人長瀬総合法律事務所入所。主に交通事故（被害者側）、家事事件（離婚等）などの個人法務を担当している。

弁護士法人長瀬総合法律事務所（べんごしほうじんながせそうごうほうりつじむしょ）編者
2013年設立。代表弁護士・長瀬佑志（ながせ・ゆうし）。茨城県牛久市に本部を、日立、水戸、神栖に支所を構え、茨城県を中心に業務を展開。企業法務のみならず民事、刑事など幅広いジャンルにおいて「すべてのクライアントを『再生』すること」を使命に、最良の法的サービスを提供することを目指している。

民法を武器として使いたいビジネスパーソンの
契約の基本教科書

2021年4月30日　初版第1刷発行

編　者 —— 弁護士法人長瀬総合法律事務所
　　　　　　Ⓒ2021 Nagase Sogo Law Firm
発行者 —— 張 士洛
発行所 —— 日本能率協会マネジメントセンター
〒103-6009 東京都中央区日本橋2-7-1　東京日本橋タワー
TEL 03(6362)4339（編集）／03(6362)4558（販売）
FAX 03(3272)8128（編集）／03(3272)8127（販売）
http：//www.jmam.co.jp/

装　　丁 —— 岩永香穂（MOAI）
本文DTP —— 株式会社森の印刷屋
印　　刷 —— 広研印刷株式会社
製　　本 —— 東京美術紙工協業組合

ISBN978-4-8207-2890-0 C3032
落丁・乱丁はおとりかえします。
PRINTED IN JAPAN